¿Y SE LLAMA USTED CRISTIANO?

Respuestas a Conceptos Erróneos sobre el Cristianismo

Everett Leadingham
Editor

Aunque este libro está diseñado para estudiarse en grupo, también se presta para el disfrute y el crecimiento espiritual del individuo. La guía para líderes de grupos se puede conseguir en la librería local o de la casa publicadora.

Título original en inglés:
And You Call Yourself a Christian - Pupil Book
Edited by E. Leadingham
Copyright © 2001
Published by Beacon Hill Press of Kansas City
A division of Nazarene Publishing House
Kansas City, Missouri 64109 USA

This edition published by arrangement
with Nazarene Publishing House
All rights reserved.

Publicado en español por
Casa Nazarena de Publicaciones
17001 Prairie Star Parkway
Lenexa, KS 66220 EUA
Con permiso de Nazarene Publishing House
Missouri 64109 USA.
Copyright © 2011
Todos los derechos reservados.

Traductores: Loida B. de Dunn y Juan R. Vázquez-Pla

ISBN 978-1-56344-709-9

Excepto para breves citas, ninguna parte de este libro puede ser reproducida, almacenada o transmitida en cualquier forma o por cualquier medio sin la previa autorización escrita de la editorial.

A menos que se indique lo contrario, todas las citas bíblicas han sido tomadas de la Biblia Versión Reina-Valera

Todas las citas bíblicas en las que se indica "NVI" son tomadas de la Santa Biblia, Nueva Versión Internacional ® NVI®. Copyright ©1973, 1978,1984 por la Sociedad Bíblica Internacional. Usada con permiso de Zondervan Publishing House. Todos los derechos reservados.

Contenido

Introducción 5

1. La Tradición Indagadora de la Iglesia, por C. S. Cowles 3

2. Intelectual o Cristiano: ¿Son Esas las Opciones?, por Cheryl Gochnauer 19

3. A los Cristianos No Nos Gustan los que Son Diferentes, por Darlene Teague 29

4. Todas las Religiones Son Igualmente Buenas, por Joseph E. Coleson 39

5. Los Cristianos No Pueden Ponerse de Acuerdo en Nada, por David W. Holdren 49

6. ¡En lo Absoluto! ¡No Hay Absolutos!, por Kevin D. Newburg 59

7. Todos los Cristianos Son Iguales, por C. S. Cowles y Mark A. Holmes 67

8. Los Cristianos Son Unos Enclenques, por Jesse C. Middendorf 79

9. La Hipocresía: Madre de Todos los Vicios, por Gerard Reed 91

10. La Fe y la Diversión: En Nada Son Como el Agua y el Aceite, por Jon Johnston 103

11. El Cristianismo Es Sólo Una Experiencia Emocional, por Randy Hodges 113

12. El Cristianismo No Funciona, por Gene Van Note 125

13. ¿Ocurrió Realmente la Resurrección?, por Roger Hahn 135

Introducción

La mayoría de nosotros mantenemos con nosotros una lista de acciones e ideas que calificamos de "no cristianas". Si vemos u oímos que alguien hace o dice alguna de las cosas en nuestra lista, puede que nos veamos tentados a decirle, "¿Y se llama usted cristiano?"

Y aunque la mayoría de nosotros mantenemos tales listas, lo interesante es que nuestras listas no son iguales. Puede que las supongamos iguales, ya que, al final de cuentas, los cristianos creemos las mismas cosas, ¿no es cierto? Pues no, no exactamente. Ese es uno de los asuntos con los que trata este libro: aquí consideraremos las ideas que algunos tenemos acerca del cristianismo.

Por supuesto que los cristianos no son los únicos que hacen observaciones respecto a los comportamientos y las actitudes cristianas. Los de fuera de la iglesia también tienen opiniones acerca de la gente que asiste a la iglesia. Y no son necesariamente tímidos en cuanto a expresar esas opiniones. Pero cuando miramos de cerca lo que dicen, nos damos cuenta que, al juzgar ellos el cristianismo, a menudo operan con un juego de ideas defectuosas.

Las opiniones negativas del mundo no siempre se quedan fuera de las cuatro paredes de la iglesia. Muchas veces, de manera extremadamente sutil, las ideas erróneas del mundo se escurren dentro del pensamiento de los cristianos. Las críticas quizá se expresen dentro de la iglesia de manera que les parezca razonable a los cristianos, pero muchas veces no son otra cosa que las opiniones del mundo vestidas con vestido de oveja.

En este libro examinaremos 13 de esas ideas defectuosas o conceptos erróneos que algunos individuos, tanto creyentes como incrédulos, tienen acerca del cristianismo. Compararemos cada una de ellas con la verdad de la Biblia, y aprenderemos cómo pueden los cristianos refutarlas con efectividad.

Debe resultar un proceso interesante diferenciar las declaraciones verdaderas de las que parecen serlas. Hay algunas de las críticas que se pueden reconocer fácilmente como falsas; otras requieren pensamiento y oración considerables. Así que, abramos nuestras biblias y aprendamos cómo responder cuando alguien, en algún lugar, algún día, se nos acerque y nos diga, "¿Y se llama usted cristiano?"

concepto erróneo común
número 1

Como lo oímos fuera de la iglesia: "La iglesia nunca se cuestiona a sí misma".

Como lo oímos dentro de la iglesia: "Los cristianos no deben cuestionar su fe".

Trasfondo bíblico: Génesis 1:2; Job 13:15; Salmos 22:1; Isaías 1:18; Mateo 7:7-8; Marcos 9:23-24; 10:12; Juan 14:6,17; 15:26; 16:13; 20:25, 28; Romanos 1:17; 2 Corintios 3:6; 5:13; 6:14-18; 13:5; 1 Timoteo 4:6; 6:3; 2 Timoteo 1:13; 4:3; Tito 1:9, 13; 2:8; Hebreos 11:6; 1 Juan 4:1; Apocalipsis 22:17

CAPÍTULO 1

La Tradición Indagadora de la Iglesia

por C. S. Cowles

"¡Qué lindo nuestro nuevo pastor!" dijo ella entusiastamente. "No predica toda esa charada teológica; solo predica la Biblia".

Poco se percataba esa joven de segundo año de universidad que, al contraponer la teología y la Biblia, no estaba reflejando una cosmovisión bíblica sino secular. Asumía que la Biblia tiene que ver con la fe (que así es), y la teología con la razón, es decir, con el discurrir racionalmente acerca de Dios (que también lo es). Lo cuestionable de lo que ella asumía es que las dos cosas sean incompatibles. Es precisamente por eso que nuestra época, tan sofisticada, científica y tecnológica como es, descarta de plano la religión reclamando que la fe y la razón no tienen nada que ver la una con la otra. Se asume que, mientras que la ciencia está edificada sobre el sólido fundamento de la razón, la fe funciona dentro del mundo inferior de las supersticiones y los mitos irracionales.

Y es que la fe y la razón parecen excluirse mutuamente, puesto que el primer principio del método científico, según el pensador del siglo 17 René Descartes, es: "Todo debe dudarse hasta que se pueda comprobar que es verdadero". Entre tanto, el primer principio de la fe religiosa es que "sin fe es imposible agradar a Dios, porque *es necesario que* el que se acerca a Dios *crea* que Él existe y que recompensa a los que lo buscan" (Hebreos 11:6, con énfasis agregado). La revelación bíblica empieza y acaba con la suposición de que Dios es. El hecho de que Dios existe no puede ni verificarse ni contradecirse por medio de pruebas científicas.

Puesto que la fe yace más allá del alcance de la razón, es, según la suposición científica, inmune a las preguntas penetrantes, al desafío franco, y al examen minucioso.

Pero, ¿lo es?

Fe y Razón

El contraponer la fe y la razón es cuando más artificial, y cuando menos peligroso. Los científicos no pueden comprobar nada aparte de la fe: es decir, tienen que tener fe en que pueden pensar, fe en sus poderes de observación y de análisis lógico, y fe en que hay coherencia inteligible dentro de aquello que están examinando. Esas presuposiciones por sí mismas yacen más allá del alcance del examen y de la prueba. Hasta ahora no se ha elaborado experimento alguno de laboratorio que pueda comprobar que los seres humanos son racionales. En efecto, se podría preguntar: ¿Qué hay de razonable en construir bombas que pueden destruir el mundo de una sola explosión? ¿Qué hay de racional acerca del desenfrenado "progreso" científico, industrial y tecnológico que consume, contamina y envenena a nuestro frágil planeta?

La Tradición Indagadora de la Iglesia

El suponer, por otro lado, que puesto que la fe yace más allá de la razón, no debiéramos ejercer la razón en cuestionar las alegaciones de la fe, no solo es una necedad, sino que también podría ser peligroso. "Viera usted, pastor," exclamó por teléfono una feligresa de unos 65 años, "mientras visitaba la iglesia de mi hijo he reclamado la sanidad corporal por la fe solamente. He botado todas mis medicinas". Sabiendo que ella era diabética y que dependía de inyecciones diarias de insulina, sentí que mi corazón se me desplomaba. A las tres semanas celebré su servicio fúnebre. A la hermana no se le ocurrió nunca que se había desprovisto de los medios mismos que Dios había provisto para mantenerla saludable. "Una vida sin examinarse no vale la pena vivirla," dijo Sócrates. La experiencia nos enseña que una fe sin ser examinada puede ser fatal.

Hubo otra suposición que hizo la joven de segundo año universitario que refleja la disposición antiintelectual de muchos creyentes, es decir, que lo único que se necesita para la vida de fe es el "creerle a la Biblia". "¿Por qué vas al seminario?" me preguntó mi venerado padre, predicador de muchos años. "Ya has asistido al colegio bíblico. ¿Qué más necesitas?" Estaba preocupado de que más educación me destruyera la fe. Sin embargo, aun a esa temprana edad, yo podía ver no solo que la Biblia era la Palabra de vida, sino que también podía hacer muchísimo daño cuando se interpretaba incorrectamente y se desconectaba del sano pensamiento.

Sharon, una de las más sinceras y serias creyentes de nuestra congregación, estaba sentada, erguida y derecha, en la orilla de su silla en mi despacho. A través de los dientes apretados forzó las palabras: "Pastor, Dios me está probando la fe igual que como se la probó a Abraham. Me está pidiendo que ofrezca a mi hijito de cuatro años como sacrificio". Por cuatro largas horas traté de disuadirla. Mis preguntas exploratorias, mis objeciones tanto morales como éticas, y las citas de otros pasajes bíblicos le parecían netamente insignificantes comparadas a la fe arrobadora de Abraham: la fe que creía que Dios o proveería un sacrificio sustituto o resucitaría al hijo muerto. Fue solo por nuestra intervención preventiva en su favor, y el colapso psicótico total que sufrió poco después esa tarde, que se le pudo prevenir de matar a su hijito. Esa noche, mi esposa y yo viajamos sentados a ambos lados de Sharon, atada en una camisa de fuerza, balbuceando incoherentemente en el asiento trasero de un vehículo de la policía que corría a 75 millas por hora hacia el manicomio más cercano.

Si la persecución activa de los creyentes por parte de un mundo incrédulo ha matado a millares, el mal uso y el abuso de la Biblia ha matado a decenas de millares. Tengo unos parientes cercanos que han dedicado su vida entera a la obra misionera. Sin embargo, cuando su hija mayor obtuvo el divorcio de un esposo que la abusaba físicamente, y se volvió a casar, cortaron abruptamente la relación con ella, citando a Marcos 10:12 y 2 Corintios 6:14-18. Desde entonces no la han visitado, ni le han escrito, ni la han telefoneado, y sus cartas se las han devuelto sin abrirlas. Recientemente ella supo de parte de su hermana que su padre había sufrido un ataque de corazón y que había sido sometido a una cirugía de corazón abierto. Ella inmediatamente telefoneó a su hogar. Su madre le colgó el auricular.

El apóstol Pablo conocía demasiado bien, por la propia experiencia autojustificadora previa a su conversión, que "la letra mata" (2 Corintios 3:6c). Pero también que "el Espíritu da vida", como él mismo prosiguió a exclamar (v. 6d). ¿Cuál Espíritu? El muy clemente Espíritu Santo a quien Jesús describe como "el Espíritu de verdad" (Juan 14:17; 15:26; 16:13). La verdad personificada por el Espíritu se extiende desde el amanecer de la creación, cuando "el espíritu de Dios se movía sobre la faz de las aguas" (Génesis 1:2), hasta el final del

La Tradición Indagadora de la Iglesia

tiempo, cuando "el Espíritu y la Esposa dicen 'Ven'" (Apocalipsis 22:17a), abarcando todo lo que está entre medio.

La verdad de la Palabra de Dios no se encuentra dentro de textos aislados removidos de su contexto. Ni agrupados improvisadamente según caprichos o prejuicios. Más bien, es la amplísima verdad de la historia de la salvación que alcanza su plenitud en Jesucristo, siendo Él mismo "el camino, *la verdad*, y la vida" (Juan 14:6, con énfasis agregado). Juan habló de Jesucristo como el *logos*, el Verbo, lo cual, en el idioma griego, significa no sólo un vehículo de comunicación, sino también el espíritu de la razón, la coherencia y la inteligibilidad, es decir, de aquello que hace sentido. Jesucristo es la encarnación suprema de la racionalidad. La verdad que está en Jesús va más allá de la razón, aunque nunca es contraria a la razón.

Es por eso que Isaías rogaba, "'Vengan, *pongamos las cosas en claro*,' dice el Señor" (1:18 NVI, con énfasis agregado). Y es también por eso que el apóstol Pablo describió vez tras vez a los creyentes con frases que resultan de una fe razonada: "si somos cuerdos" (2 Corintios 5:13); "la buena enseñanza" y "la sana enseñanza"(1 Timoteo 4:6; 6:3 NVI); "la sana doctrina" (2 Timoteo 1:13; 4:3; Tito 1:9 NVI); "que sean sanos en la fe" (Tito 1:13); y "Cuando enseñes, hazlo con integridad y seriedad, y con un mensaje sano e intachable" (Tito 2:7b-8a NVI).

Juan Wesley dijo: "Es un principio fundamental para nosotros (como cristianos) que renunciar a la razón es renunciar a la religión, puesto que la religión y la razón van tomados de la mano, y que toda religión irracional es religión falsa".[1] Hay fe alocada y hay fe racional. La fe alocada dice que yo me puedo tirar de un avión sin lastimarme, mientras que la fe racional dice que si tengo un paracaídas al tirarme de un avión, las posibilidades de que aterrice a salvo son excelentes.

La fe a la que nos conduce la Biblia es una fe razonable, fundamentada firmemente en las grandes obras de salvación hechas por Dios en la historia, la cual culmina en el ápice que es la muerte y la resurrección de Jesucristo. Todo lo que se halla en la Biblia tiene que evaluarse a la luz de las enseñanzas de toda la Biblia según encuentran su expresión más clara en el Dios que se revela plenamente a sí mismo por Jesucristo. Esa es la tarea de la teología, y la razón por la cual tenemos que cuestionar, examinar, y evaluar toda alegación religiosa a la luz de esa verdad abarcadora.

Fe y Duda

Parecería que la duda es la enemiga mortal de la fe. Philip Yancey, el conocido escritor cristiano, señala que cuando se le pidió que firmara "sin duda ni equivocación" la declaración de fe requerida por la revista *Christianity Today* (Cristianismo hoy), tuvo que admitir: "Yo apenas puedo firmar mi propio nombre 'sin duda ni equivocación'".[2]

Así fue con Tomás el discípulo. Sintió, a la luz de la crucifixión, que había apostado la vida por Jesús pero que había perdido. Podemos, pues, comprender su escepticismo cuando sus condiscípulos le dijeron que habían visto al Señor. "Si no veo en sus manos la señal de los clavos y meto mi dedo en el lugar de los clavos, y meto mi mano en su costado, *no creeré*" (Juan 20:25, con énfasis agregado).

El hecho de que el Señor resucitado se le apareciera indica claramente que la falta de fe de Tomás no lo había ofendido. Al contrario, es muy posible que la duda haya sido la sierva que guió a Tomás a la fe. Cuando vio al Señor, no fue necesario que pusiera su dedo en las marcas de los clavos, ni que metiera la mano en el costado. Más bien, con el corazón reventándosele de amor y devoción, exclamó, "¡Señor mío y Dios mío!" (v. 28).

La Tradición Indagadora de la Iglesia 13

Según lo cuenta la tradición, Tomás llegó a ser misionero. Viajó hacia el oriente hasta el subcontinente de la India, en donde murió como mártir de la fe, aunque no sin antes haber establecido una iglesia que floreció y que ha sobrevivido por 2,000 años, la cual hoy en día se conoce como la Iglesia de Mar Thoma (Tomista) del Sur de la India.

Al leer la Biblia vemos que a menudo la duda y la fe coexisten. Abraham, el gran héroe de la fe, dudó tanto de la promesa de Dios de que tendría un hijo, que tomó las cosas en las propias manos y engendró un hijo con Agar, la esclava de Sara. Por dudar del poder protector de Dios, dos veces mintió y presentó a su esposa como su hermana, poniéndola en cada ocasión en un aprieto moral.

Aunque la frase "la paciencia de Job" se repite con frecuencia, el Libro de Job relata una historia diferente. Job se hallaba a cada vuelta del camino acechado por las dudas con respecto a la bondad y el poder de Dios. Su gran fe no equivalía a la ausencia de la duda sino al triunfo en medio de la duda. "Aunque él me mate, en él esperaré" (13:15).

Otros grandes personajes religiosos han luchado en esa área también. Martín Lutero, para quien la piedra angular del evangelio era " … el justo *por la fe* vivirá" (Romanos 1:17, con énfasis agregado), batalló constantemente con las dudas acerca de su fe. En el punto más alto del gran avivamiento evangélico que arropó a Inglaterra, Juan Wesley pasó por un período de tanta duda que llegó a cuestionar todo lo que estaba predicando, y hasta dudó de su propia salvación. Es casi imposible hallar una autobiografía de grandes personajes de fe en la que no confiesen haber pasado por aguas profundas, o por lo que San Juan de la Cruz describió como "la noche obscura del alma".

No es sino hasta que la fe pasa por el fuego de la duda, el examen y el cuestionamiento que la misma queda clarificada y purificada. Frederick Buechner señala que la relación entre un Dios invisible y los humanos visibles siempre involucrará un elemento de incertidumbre. "Sin que de otro modo me destruya en el proceso, ¿cómo podría Dios revelarse de manera que no dejara ningún lugar para la duda? ¡Si no hubiera lugar para la duda, no habría lugar para mí!"[3]

Fe que Busca Entendimiento

Cuando Jesús descendió del Monte de la Transfiguración se encontró con un hombre en la multitud que estaba desesperado por hallar sanidad para su hijo endemoniado. Jesús le dijo, "Si puedes creer, al que cree todo le es posible". El pobre hombre respondió, "Creo; *ayuda mi incredulidad*" (Marcos 9:23-24, con énfasis agregado).

La poetisa Emily Dickinson observa y con razón: "Cien veces cada hora creemos tanto como descreemos, lo cual mantiene ágil la credulidad".[4] Los cuestionamientos son los compañeros continuos de la fe en la vida del creyente que crece y que piensa.

Y eso es completamente bueno, porque el enemigo de la fe no es la duda sino la ingenuidad. Hace muchos años, uno de mis amigos de infancia vino con mucho entusiasmo a contarme que después de escuchar a un predicador popular que hablaba de "salud, riquezas, y prosperidad", había decidido adoptar el principio financiero de "sembrar la semilla de la fe". La idea era que si uno deseaba doblar sus entradas, debía doblar el diezmo que daba. Pero él fue más allá. Se dedicó a dar un diezmo triple, y de paso no lo daba a base de las ganancias de su pequeño negocio, sino que diezmaba el triple de las entradas brutas. En seis meses las autoridades habían cerrado con candado su negocio, habían vendido todo en subasta y le habían cargado tanto por los impuestos sin pagar, las multas y las penalidades, que le tomó treinta años pagarlo todo. Desilusionado y amargado, abandonó la iglesia y la fe.

La Tradición Indagadora de la Iglesia

Cuando miramos en derredor nuestro y vemos la tremenda variedad de creencias bizarras, de cultos extraños y los esquemas para enriquecerse rápidamente en los cuales la gente pone ciegamente la fe, comenzamos a ver que hacer preguntas críticas puede ser nuestro mejor amigo en protegernos de las afirmaciones falsas y de las trampas de la autodestrucción. "*Examinaos* a vosotros mismos", aconsejó Pablo, "para ver si estáis en la fe; *probaos* a vosotros mismos" (2 Corintios 13:5, con énfasis agregado). "Amados", escribió Juan, el apóstol amado, "no creáis a todo espíritu, sino *probad* los espíritus si son de Dios, porque muchos profetas falsos han salido por el mundo" (1 Juan 4:1, con énfasis agregado). La duda es la fe con ojos bien abiertos.

Hay un libro al que se le ha puesto por título, *La Enciclopedia de la Ignorancia*. Mientras que la mayoría de las enciclopedias compilan la información conocida, ésta trata con las áreas de la ciencia y de la conciencia humana que todavía no han sido explicadas: ¿Qué es exactamente la curva del espacio-tiempo? ¿O el tiempo mismo? ¿Cómo es que el cerebro puede diferenciar cien mil fragmentos de estímulos recibidos por los cinco sentidos en el transcurso del día y determinar a cuáles no debe hacer caso (como las nubes que flotan en lo alto) y a cuáles hay que responder (como al teléfono que suena)?

Parece que Dios tiene una "Enciclopedia de Ignorancia Teológica" llena de áreas que todavía están cercadas. ¿Qué del destino de los que nunca han escuchado el evangelio? ¿Por qué será que algunas oraciones son contestadas aunque muchas no? Si Dios está en control absoluto, ¿por qué tantas cosas parecen estar descontroladas? ¿Por qué Dios no interviene cuando alguien viola a una niña de cinco años, la golpea y la deja muerta? Si Dios ya conoce exhaustivamente todo el futuro como si ya fuera historia pasada, ¿por qué orar o por qué evangelizar?

Aunque Dios rompe el silencio y por fin habla con Job al término de su peregrinaje espiritual tan largo y tortuoso, Él no responde a la pregunta central de toda esa historia: "¿Por qué le suceden cosas malas a la gente buena?" La Biblia es ilimitadamente fascinante, ya que nos presenta tanto preguntas como respuestas: revela *y* oculta.

Seguramente es una marca de la gracia de Dios que a la vez que Él ha revelado todo lo necesario para nuestra salvación y nuestro crecimiento en la santidad, hay áreas amplias de la verdad en donde oímos solo susurros suaves, vemos reflejos vagos, y descubrimos sugerencias sutiles respecto al significado de oscuros misterios. Y eso es lo que nos sigue esforzando.

Se nos llama a una vida amenazadora pero de intriga, la cual Anselmo, un teólogo de la iglesia medieval, llamó vida de "fe que busca entendimiento". John Donne tiene un verso en uno de sus poemas que da qué pensar: "Las iglesias, cuanto menos iluminación poseen, mejor oran".[5] Las iglesias que se resisten al llamado de clarín de explicar lo que Dios mismo no ha revelado, y que dejan amplio lugar para el misterio, conducen mejor a la adoración. Es sólo cuando la noche es más oscura que uno puede ver con mayor claridad las galaxias extendidas sobre el firmamento.

Carlos H. Spurgeon, quien por 30 años predicó a millares todos los domingos en una iglesia en Londres, relató haber pasado por una época terrible de dudas y depresión. La noche del domingo antes de tomar un descanso de cuatro meses, predicó sobre el grito de Jesús desde la cruz, "Dios mío, Dios mío, ¿por qué me has desamparado?" (Salmos 22:1). Contó que esa noche desarrolló el texto lo mejor que pudo. Después del servicio se le acercó precipitadamente un hombre en estado de extrema aflicción. Le confesó que iba rumbo al río Támesis, y que llevaba un revólver en el bolsillo con la intención de acabar con su vida. Al pasar por la iglesia escuchó a Spurgeon anunciar su texto. Sintió que cualquiera que pudiera predicar sobre ese tema a partir de su experiencia personal era capaz de comprenderlo. Mientras conversaban, Spurgeon lo condujo a Cristo.

Muchos años después, ese mismo hombre se acercó a Spurgeon en una conferencia ministerial. Su apariencia había cambiado tanto que Spurgeon no lo reconoció. El hombre le compartió que había estado viviendo a la luz del amor de Dios desde aquella noche. Ahora también era pastor de una floreciente congregación. Ese encuentro causó que Spurgeon concluyera que estaría dispuesto a pasar mil veces por el valle de la duda y el abatimiento con tal de ayudar a alguien a encontrar la salida de la oscuridad y la entrada a la luz de Cristo.

Conclusión

Volvemos, entonces, a las preguntas con las cuales comenzamos. ¿Debemos nosotros, como iglesia, hacer preguntas acerca de nuestra fe? La respuesta es definitivamente que sí. ¿Tenemos que vivir en desesperación constante y debilitadora a causa de esas preguntas? No. ¿Es racional el cristianismo? ¡Sí y no! El pensamiento inteligente informa nuestra fe, pero simplemente entender los conceptos no es la base de nuestra fe. No obstante, sabemos que la fe que busca entendimiento será recompensada. Jesús dijo: "Pedid, y se os dará; buscad, y hallaréis; llamad y se os abrirá, porque todo aquel que pide, recibe" (Mateo 7:7-8a).

Acerca del autor: El Dr. Cowles es profesor de religión en Point Loma Nazarene University en San Diego, California.

concepto erróneo común
número 2

Como lo oímos fuera de la iglesia: "Los cristianos no sirven para ser buenos científicos".

Como lo oímos dentro de la iglesia: "La educación te puede arruinar la fe".

Trasfondo bíblico: Job 1:3, 13-19; 2:9; 13:15; Salmos 34:8; Hechos 17:11-12; 1 Corintios 3:18-19; 13:12; Filipenses 2:12-16; 1 Tesalonicenses 5:21; 1 Timoteo 4:12-13, 15-16

CAPÍTULO 2

Intelectual o Cristiano: ¿Son Esas las Opciones?

por Cheryl Gochnauer

Una pared de piedra. Con eso creen muchos incrédulos que se van a topar cuando traten de hablar con los cristianos sobre asuntos de la vida real como lo son la política, los derechos femeninos y los avances científicos.

"Los fanáticos que andan agitando la Biblia no piensan por sí mismos. En efecto, usualmente se oponen a cualquier clase de argumento progresista o intelectual. Uno no podría imaginarse a un cristiano en un laboratorio. Él o ella podrían encontrarse en medio de un experimento que les estropeara la cabeza. Denles 'la antigua religión' y eso les basta".

Inmediatamente los cristianos se encorvan como gatos espantados.

"¡Eso no es justo! No somos estrechos de mente; sólo somos prudentes. Nuestro deber es estar *en* el mundo sin ser *del* mundo. La gente necesita tener cuidado con lo que permite entrar en su mente, en su corazón y en su hogar. Es mejor guardar distancia de cualquier cosa que huela siquiera a iniquidad. Después de todo, una vez te abres a las enseñanzas incorrectas, quién sabe a dónde vas a parar".

Superemos la Mentalidad de la Manada

Primero, tenemos que saber *por qué* creemos lo que creemos. Vivir en una nación cristiana, crecer en un hogar cristiano, o rodearnos de amigos cristianos no nos hace cristianos. La bendición de haber nacido en una familia cristiana puede perder virtud si uno basa la fe en su herencia en lugar de su experiencia. Hay razón para que se hable de "una relación *personal* con Jesucristo". Ese vínculo especial entre los humanos y su Creador es individual, sagrado y precioso. Prescindir de la intimidad es privarnos de esa tan importante Voz apacible y delicada que nos asiste cuando examinamos los asuntos que nos confrontan.

También hay peligro en unir nuestra voz automáticamente a las de los más estridentes al discutir cuestiones culturales. Cualquier persona afroamericana cuyos ancestros sufrieron esclavitud puede atestiguar que una acción puede ser legal y todavía ser injusta. La verdad la dicta Dios, no la mayoría. "Nadie se engañe a sí mismo;" leemos en 1 Corintios. "La sabiduría de este mundo es insensatez ante Dios" (1 Corintios 3:18-19).

Por el contrario, la Biblia nos anima, con mente abierta ante el Señor, de la siguiente manera: "Ocupaos en vuestra salvación con temor y temblor, porque Dios es el que en vosotros produce así el querer como el hacer, por su buena voluntad. Haced todo sin murmuración ni discusiones, para que seáis irreprochables y sencillos, hijos de Dios sin mancha en medio de una generación maligna y perversa, en medio de la cual resplandecéis como lumbres en el mundo asidos de la palabra de vida" (Filipenses 2:12-16).

La Palabra nos provee un entendimiento perspicaz del carácter de Cristo. "Ocupaos en vuestra salvación" nos indica que debemos examinar con cuidado las ideas que nos confrontan, y basar nuestra reacción en lo que sabemos que es la verdad con respecto a Dios.

Cuando surja una idea intrigante que despierte dudas, confrontémosla de manera pensante en lugar de resistirla o aceptarla sin pensar. Hechos 17 describe el viaje del apóstol Pablo por Tesalónica, Berea y Atenas. Observe cómo fueron descritos los cristianos de Berea cuando contemplaban y consideraban las nuevas ideas teológicas que Pablo estaba predicando en su sinagoga. Los de Berea "eran más nobles que los que estaban en Tesalónica, pues recibieron la palabra con toda solicitud, escudriñando cada día las Escrituras para ver si estas cosas" que decía Pablo "eran así. Muchos de ellos creyeron, y de los griegos, mujeres distinguidas y no pocos hombres" (vv. 11-12).

Ahí yace la clave. Escudriñaban "las Escrituras ... para ver" si las cosas que Pablo decía "eran así". Nosotros hoy deberíamos de hacer lo mismo, sea cual sea la alegación preocupante o la revelación emocionante que se nos presente.

Póngale Fe a los Hechos

"Examinadlo todo y retened lo bueno".

Ese parece un consejo excelente, y lo es. Proviene directamente de la Palabra de Dios en 1 Tesalonicenses 5:21. Esa es la manera de existir de los dedicados científicos e inventores alrededor del mundo, los cuales pasan toda su carrera haciendo pruebas, desechando lo inútil y guardando lo que sirve.

Gracias a su perseverancia y a la gracia de Dios, el mundo está lleno de avances médicos y tecnológicos asombrosos. Vacunas innovadoras, técnicas de cirugía médica, maquinaria y microchips nos han revolucionado la vida.

Aun así, el conocimiento humano no es perfecto, sea cual sea la confianza que demuestren los clínicos. El proceso de descubrimiento científico puede ser agonizante por su lentitud, y con el transcurrir del tiempo muchos "hechos" terminan siendo descartados. A pesar de ejemplos clásicos de información que antes se daba por cierta, sabemos:

- Que el mundo no es plano.
- Que el sol no gira alrededor de la tierra.
- Y que las computadoras no se desmodularon a las 24:01 el día de Año Nuevo de 2000.

Hay un prejuicio persistente que alega que los profesionales con un mayor nivel de educación, como los científicos, los doctores y los profesores, no creen en Dios. Sin embargo la fe y los hechos no tienen que excluirse mutuamente. El *hecho* es que los experimentos son, en realidad, ejemplos perfectos de la fe en acción.

Piénselo: un científico primero formula una suposición para luego disponerse a comprobarla. El científico posee la fe que su suposición será comprobada a través del largo proceso de pruebas. Pasan los años y ciertos elementos del estudio se modifican, se reexaminan y se vuelven a modificar. Una vez se logra un adelanto decisivo en el conocimiento, se revela lo completo del entendimiento. Pero hasta que no llegue ese adelanto decisivo, el científico tendrá que aferrarse con fe a su hipótesis inicial.

Por lo común, los padres cristianos temen enviar a las universidades a sus hijos e hijas recién graduados de la escuela secundaria. "No permitas que esos educadores te arruinen la fe," los amonestan, anticipando un mar de profesores de mentalidad demasiado de abierta. Sin embargo, a la vez que prejuzga injustamente a sus profesores, esa actitud presupone que nuestros jóvenes cristianos no son capaces de pensar por sí mismos.

La mejor preparación para permitirles libertad a nuestros hijos en el mundo es entrenarlos en la Palabra de Dios y colmarlos de espiritualidad práctica y bíblica. Observe cómo Pablo animó a Timoteo, quien había florecido bajo la instrucción espiritual de su fiel madre, Eunice, y de su abuela Loida: "Ninguno tenga en poco tu juventud, sino sé ejemplo de los creyentes en palabra, conducta, amor, espíritu, fe y pureza. Entre tanto que voy, ocúpate en la lectura, la exhortación y la enseñanza. … Ocúpate en estas cosas; permanece en ellas, para que tu aprovechamiento sea manifiesto a todos. Ten cuidado de ti mismo, y de la doctrina; persiste en ello, pues haciendo esto te salvarás a ti mismo y a los que te escuchen" (1 Timoteo 4:12-13, 15-16).

La habilidad de escuchar objetivamente el punto de vista de los demás reside en "observar de cerca la vida y la doctrina" mientras buscamos los puntos en los que la fe y los hechos se entrecrucen. Pero, ¡sea precavido! Las posiciones que parecen estar en conflicto, o que en realidad lo están, pueden polarizar a la gente, encender la hostilidad, y cerrar la puerta del diálogo en un futuro.

Cuando Dios No Levanta el Auricular

¿Qué hacer cuando hemos enfrentado nuestras dudas y hecho nuestra investigación, pero sin hallar todavía una respuesta clara?

Todos pasamos por épocas en las que las razones no aparecen. El Libro de Job es el fascinante relato de la lucha de un hombre a través de una serie de acontecimientos catastróficos. Dios se complació con la devoción de Job y lo bendijo con una familia grande, con riquezas, y con una reputación de ser "el hombre más importante de todos los orientales" (1:3).

En la cima del éxito de Job, Dios permitió que Satanás destruyera todo lo que Job estimaba. Sus rebaños y manadas fueron robados, o los mataron los rayos. Sus criados fueron asesinados. La casa en donde sus diez hijos celebraban una fiesta fue derribada por el viento, y todos murieron (véase los vv. 13-19).

La salud misma de Job fue amenazada cuando Satanás lo hirió de pies a cabeza con llagas dolorosas. Su equipo de animadores falló cuando los tres amigos que vinieron a brindarle consuelo acabaron por acusarlo de ser pecador y la causa de todo lo que le había sobrevenido. Aun su esposa se dio por vencida, diciendo: "¿Aún te mantienes en tu integridad? ¡Maldice a Dios y muérete!" (2:9).

Hasta donde Job podía ver, no había hecho nada para ofender a Dios. Aunque se preguntaba por qué esas tragedias venían a su vida, no quiso echarle a Dios la culpa por ellas. Durante toda la prueba Job le confió a Dios su vida: "Aunque él me mate, en él esperaré" (13:15). Al final, el Señor le devolvió a Job las riquezas, dándole casi el doble de lo que había tenido, y también le bendijo con siete hijos y tres hijas.

Puede resultar difícil mantener la fe cuando nos encontramos cegados por alguna situación. Primera Corintios 13:12 nos anima a perseverar mientras esperamos el tiempo perfecto de Dios: "Ahora vemos por espejo oscuramente; pero entonces veremos cara a cara".

Entre tanto esperamos que hechos surjan de la fe, no debemos temer hacer preguntas acerca de los porqués (con respeto, por supuesto). Nuestras preguntas no intimidan a Dios. Como a Él le complace dar cosas buenas a sus hijos, podemos tener la confianza de que nos revelará con el tiempo todo lo que conviene que sepamos. La clave está en tener la confianza de que Dios se revelará en el momento idóneo, ya sea en esta vida o en la venidera.

La Fe que Ve

A los cristianos a menudo se les acusa de depender de una fe ciega. Eso es una falacia; la fe ciega no es fe. Aun la fe que exhibimos en los primeros momentos de la conversión está basada en un hecho incuestionable revelado por el Espíritu Santo: que hemos pecado, que no hemos cumplido con lo que Dios requiere, y que necesitamos a Cristo como nuestro salvador.

¿Cómo mantenemos la fe? Además de la influencia consoladora del Espíritu Santo, la fe se nutre por medio del disfrute de una relación con Cristo que ha sido examinada y probada a través del tiempo. Una vez se establece esa confianza, tenemos la fe de que la relación continuará basada en el mismo cimiento de verdad que reconocimos en el principio. Aprendemos que podemos depender de Dios porque desde el principio Él se nos ha probado consistentemente a nosotros y a los demás.

Salmos 34:8 nos anima así: "Gustad y ved que es bueno Jehová". Es interesante y algo que inspira asombro el hecho de que Dios requiere acción de nuestra parte, invitándonos a examinar profundamente su carácter. El Señor es infinitamente complejo y nos guía a través de una variedad de experiencias mientras cada uno de nosotros se ocupa en su misión exploratoria con Él.

En Conclusión

Por eso, resista usted la mentira de que los cristianos no somos pensadores, o que somos antiintelectuales. Los seguidores de Cristo nos beneficiamos cuando asumimos una actitud mentalmente rigurosa y analítica, esforzándonos en librarnos de prejuicios y torpezas. Aun al abordar nuestra vida espiritual, el Señor ha hecho claro que no busca seguidores robóticos que expelen teorías ideológicas que no tengan mayor profundidad que una coraza metálica. En lugar de eso, nos pide que, contemplativamente:

- Recordemos que la sabiduría de este mundo es necedad a los ojos de Dios.
- Continuemos ocupándonos de nuestra salvación con temor y temblor.
- Examinemos la Biblia para confirmar que lo que estamos oyendo es la verdad.
- Examinemos todo y retengamos lo bueno.
- Velemos de cerca nuestra doctrina.
- Nos mantengamos con fe cuando Dios esté callado.
- Probemos y veamos que Dios es bueno.

Tal contemplación nos prepara para vivir en el mundo complejo en el que Dios nos ha puesto. Siempre que entremos en una discusión respecto a los asuntos difíciles que a veces dividen nuestra sociedad, en lugar de erigir los esperados muros de piedras, hagamos lo mejor para quebrantar las barreras asumiendo la mente de Cristo. Dios nos ha dado mentes increíbles y complejas. Utilicémoslas para su gloria.

Acerca de la autora: Cheryl Gochnauer es ama de casa y madre. Ella mantiene una página WEB para animar a las madres que optan por permanecer en el hogar criando a sus hijos.

concepto erróneo común
número 3

Como lo oímos fuera de la iglesia: "Gente como yo nunca sería bienvenida en esa iglesia".

Como lo oímos dentro de la iglesia: "No conviene que aceptemos a cualquiera en nuestra iglesia".

Trasfondo bíblico: 1 Samuel 16:7; Mateo 9:10-13; Lucas 7:37-39; 19:1-10; Juan 3:16; Hechos 10-11; Gálatas 2:11-14; Santiago 2:1-13; 2 Pedro 3:9

CAPÍTULO 3
A los Cristianos No Nos Gustan los que Son Diferentes

por Darlene Teague

El rótulo de la iglesia decía, "Nuestra iglesia puede ser su hogar".

¿Qué implica un rótulo así acerca de esa iglesia? ¿Acerca de los cristianos en general? ¿Acerca de cómo se sentiría un no creyente al visitar esa iglesia? Aunque que ese rótulo declara que a la gente se le da la bienvenida a la familia de la congregación, a la vez implica que puede que haya iglesias en donde uno no se siente como en familia.

Así que, surge la pregunta: ¿Es requisito que los cristianos acojamos a toda la gente, sin condición alguna, con tal que se nos considere tolerantes de las diferencias?

La Iglesia Vista Desde Afuera

Algunas personas simplemente creen que no van a sentirse cómodos dentro de una iglesia. Aunque no se vean como pecadores, saben que hacen cosas que no tienen el visto bueno de la iglesia. Piensan que la iglesia les avisará que son diferentes tan pronto entren por la puerta, ¡y eso no será muy agradable que digamos!

Posiblemente ya han tenido encuentros difíciles con gente de la iglesia en el pasado. Tristemente, es demasiado fácil hallar ejemplos de personas que en el nombre de Cristo juzgan, critican, rechazan y fomentan el ostracismo de los demás. Como consecuencia, los no creyentes prefieren guardar distancia de la iglesia antes que correr el riesgo de que los pecados pasados les causen humillación pública. Y, en efecto, guardarán distancia, a menos que alguien les demuestre que la iglesia les da la bienvenida.

La Iglesia Vista Desde Adentro

Aunque la mayoría de las iglesias quieren personas nuevas, es difícil saber cómo ser acogedores sin ser demasiado tolerantes. Lo ideal es "amar al pecador y aborrecer el pecado", ¿pero cómo lo logramos?

No es fácil, como lo demuestra la siguiente experiencia. Como redactor de materiales de escuela dominical, esa persona escribía artículos de fondo con regularidad. Una vez escribió un artículo titulado, "El día que se olió humo en la Iglesia". Contó acerca de la reacción que tuvo al oler humo de cigarrillos en una persona que estaba sentada cerca de él en la iglesia. De primera intención, sintió repugnancia. "Es que aquí nadie fuma", pensó. Luego se dio cuenta de que la persona era un visitante y que necesitaba darle la bienvenida, sin importar cómo oliera. Lo importante era que ese visitante estaba en un lugar donde podía oír predicar el evangelio.

A los Cristianos No Nos Gustan los que Son Diferentes 31

Cuando se publicó el artículo, el escritor recibió algunas cartas negativas. Algunos lectores pensaron que se le estaba dando el visto bueno al fumar tabaco, y que estaba rebajando los estándares cristianos. Habían perdido por completo de vista el punto que él quería resaltar, cosa que es fácil de hacer. Es difícil saber dónde termina la bienvenida y dónde comienza la condonación.

Otro punto de preocupación surge en la iglesia. ¿Debilita a la iglesia permitir que personas que pecan abiertamente entren a ella? ¿No tenemos que proteger de las malas influencias a nuestra juventud y a los cristianos nuevos? Algunos quizá se preguntan, ¿qué ocurriría si invitáramos a la iglesia al compañero de oficina, sabiendo que él traería a la concubina con la que está viviendo? ¿No les indicaría acaso lo incorrecto a los solteros de la congregación? Para proteger de la confusión a los nuevos creyentes, ¿no debemos guardar a la iglesia de aquellas personas e ideas que la contaminen?

¿Cuál Es el Problema?

¿Por qué piensan algunos que los cristianos somos intolerantes? ¿Por qué hay cristianos que no pueden separar el dar la bienvenida del dar el visto bueno? No puede ser que el problema esté en el evangelio. Tenemos un mensaje de amor de parte de Dios por medio de Cristo. Jesucristo nos dijo que amáramos a los demás como Él nos amó. Así que el mensaje que predicamos y enseñamos no es el problema.

Quizá el problema esté en la manera en que *aplicamos* el evangelio que predicamos. Tenemos un estándar, una vara medidora, para distinguir lo correcto de lo incorrecto: la Palabra de Dios. Dentro de la comunidad de la fe aceptamos la Palabra de Dios como la autoridad definitiva en asuntos de fe y vida. Y así debería de ser. Sin embargo, cuando tratamos de medir a los de fuera de la iglesia por los principios de la Palabra de Dios, quedan muy por debajo de los estándares cristianos. Los de fuera de la iglesia, al percibir nuestra censura, nos consideran intolerantes.

Necesitamos aprender a brindar a los pecadores el suficiente espacio, la suficiente acogida, el suficiente amor, cosa que les permita quedarse en la iglesia el tiempo necesario para llegar a convertirse a Cristo. No tenemos mejor guía para aprender cómo hacerlo que ese Nuevo Testamento que tanto reverenciamos.

Cómo lo Ve la Biblia

Dios ha ofrecido su gracia a toda la gente. Dios desea que cada persona esté en la correcta relación con Él. Juan 3:16 dice que Dios amó tanto al mundo que dio a su Hijo por nuestra salvación. No hay límites en ese versículo, puesto que no dice, "a *algunos* de los del mundo" o "a la *mayoría* del mundo". Dios no quiere que nadie perezca. Más bien, desea "que todos procedan al arrepentimiento" (2 Pedro 3:9).

Nosotros, siendo la iglesia, necesitamos tener la perspectiva de Dios, es decir, que la salvación es para todos. Es menester que demos la bienvenida a todo el mundo a la vez que le ofrecemos el don de salvación de Cristo, confiando en que Cristo hará en ellos la transformación necesaria.

Estando Jesús en la tierra se asoció con gente rechazada por las autoridades de la religión establecida. Lucas 19:1-10 relata el encuentro que tuvo Jesús con Zaqueo, el colector de impuestos. Aunque la gente religiosa rechazaba al malvado colector de impuestos, Jesús le ofrecía la salvación. Zaqueo no fue el único colector de impuestos con el que Jesús se asoció. Mateo 9:10-13 nos cuenta de por lo menos otra ocasión en que Jesús comió con los colectores de impuestos y con los pecadores.

Aun en otra ocasión (Lucas 7:37-39), cuando Jesús visitaba el hogar de un fariseo, una mujer que había vivido pecaminosamente en esa ciudad vino y le lavó los pies a Jesús

A los Cristianos No Nos Gustan los que Son Diferentes 33

con sus lágrimas y le secó los pies con su cabello. El fariseo se dijo para sí que si Jesús hubiera sido profeta habría sabido quién lo estaba tocando. Ser tocado por una persona inmunda era asqueroso para la gente judía estricta. Jesús ciertamente lo sabía, pero con todo le ofreció a la mujer el perdón de sus pecados.

Después que Jesús volvió al cielo, les tocó a sus seguidores la tarea de esparcir las buenas nuevas de la salvación. Sin embargo, les fue difícil ir más allá del grupo con el que se sentían más cómodos, es decir, con la gente judía. Los primeros discípulos tuvieron que luchar para vencer su idea de que la salvación de Dios era para los judíos solamente.

Las experiencias de Pedro nos ayudan a ver cuánto esfuerzo fue requerido para abrir la puerta de la salvación a toda la gente. Los capítulos 10 y 11 del Libro de los Hechos relatan la visión que Dios le dio a Pedro acerca de los gentiles (es decir, todas las personas que no eran judías). Dios le instruyó que no llamara inmundo nada que Él había limpiado. Pedro terminó reconociendo que "Dios no hace acepción de personas, sino que en toda nación se agrada del que le teme y hace justicia" (10:34-35).

Una vez que Pedro tuvo abiertos los ojos, fue necesario que ayudara a sus compañeros judíos para que vieran lo que Dios le había mostrado. Tuvo que explicar sus acciones a los que le criticaban. Más tarde, Pedro tuvo que volver a aprender la lección cuando Pablo lo confrontó por ser hipócrita. Gálatas 2:11-14 contiene los comentarios de Pablo. Por Pedro temerle a los creyentes que eran judíos, había dejado de comer con los creyentes gentiles. Pablo dijo que Pedro estaba actuando incorrectamente por la manera de tratar a sus hermanos en Cristo. ¿Será posible que a veces tratemos mal a la gente por miedo al qué dirán de nuestros amigos?

El hermano de Jesús, Santiago, dio instrucciones específicas acerca de ese asunto. Santiago 2:1-13 dice que pecamos cuando mostramos favoritismo. En los días de Santiago (como en los nuestros), era fácil preferir a una persona sobre otra por causa de su apariencia, por lo que poseía, o por su posición. Sin embargo, como Dios le dijo a Samuel acerca de las opiniones humanas, "Jehová no mira lo que mira el hombre, pues el hombre mira lo que está delante de sus ojos, pero Jehová mira el corazón" (1 Samuel 16:7).

Un hombre vestido pobremente entró a una iglesia un día domingo por la mañana. Las bancas estaban llenas; no quedaba lugar dónde sentarse. Caminó hasta el frente del santuario y se sentó en el piso. La gente, desde las bancas, lo miró sorprendida (y algunos escandalizados). ¿Es que no sabía él que la gente no se sienta en el piso de la iglesia (y especialmente no en el frente)?

Uno de los hermanos mayores de la iglesia se levantó de su asiento y vino hasta donde estaba el hombre. La gente se miraba con cierta malicia. Ahora sí se iba a corregir a ese hombre. En vez de eso, sin decir nada, el hermano se sentó en el piso al lado del visitante.

La Perspectiva Correcta

Cuando los pecadores se revisten de suficiente ánimo como para atreverse a visitar nuestra iglesia, está en nosotros romper las barreras que hagan que los cristianos parezcan intolerantes. En primer lugar, podemos aceptarlos en donde se encuentran espiritualmente cuando lleguen a nuestra congregación. Podemos abrazarlos con amor, sin importar cómo huelan o qué apariencia tengan. Así podremos vivir, predicar y enseñar la verdad del evangelio. No hay necesidad de rebajar nuestras normas. Ellos se sentirán libres para quedarse, y nosotros estaremos disponibles para asistir a medida que el Espíritu Santo haga la obra de transformación en sus vidas.

La siguiente historia de un maestro de escuela dominical nos muestra cómo eso puede ocurrir aun con personas que

A los Cristianos No Nos Gustan los que Son Diferentes 35

no parecen tener potencial alguno para pertenecer a una iglesia.

Roy pasaba sus noches y los fines de semana en los clubes y en los bares locales, tomando y bailando y pasándola bien. Más de una vez su mal genio causó pleitos en el bar.

Había sufrido un divorcio amargo y se sentía solo. Pensaba que podía olvidar sus tristezas y su soledad en la atmósfera de fiesta y música ruidosa de los bares.

Fue allí donde conoció a María. Ella también era divorciada, y se sentía sola y quebrantada de dolor. Al principio eran solo amigos. Luego llegaron a ser pareja, y María comenzó a vivir con Roy. A los dos les encantaba bailar, por lo que continuaron concurriendo a los bares en busca de diversión y satisfacción en su vida.

Una noche, al volver del club, Roy le dijo a María que le quería preguntar algo de suma importancia. Le rogó que lo considerara con mucho cuidado antes de responder.

Ella había notado que Roy había estado muy callado toda la noche. Sentada en la silla se preguntaba por qué tendría él un tono tan serio. Roy se arrodilló delante de ella, tomó tiernamente su mano y le sonrío. "¿María, te casarías conmigo?"

Las lágrimas ardían en los ojos de María al asentar con la cabeza y decirle, "Sí". Se abrazaron, y Roy la sorprendió aún más cuando le susurró al oído: "Hagamos unos cambios en nuestra vida y casémonos en una iglesia". María le respondió que le gustaría muchísimo.

Al empezar a trazar sus planes, ella recordó que cuando era niña había asistido varias veces con los vecinos a una iglesia local. Roy, pensativo, le dijo: "Sabes, cuando yo era niño, a veces me subía al autobús de esa misma iglesia y asistía a ella".

"Entonces estamos de acuerdo," asintió María. Llamó al pastor y éste estuvo de acuerdo en hablar con ellos acerca de la boda.

Se saludaron cálidamente y pasaron más o menos una hora con el pastor. Estuvo de acuerdo con casarlos si estaban dispuestos a recibir consejería matrimonial cada semana por tres meses. También les sorprendió mucho cuando el pastor sugirió que vivieran aparte durante esos tres meses. Y entonces, si todavía querían casarse, él con gusto les casaría.

Al principio se quedaron atónitos por la sugerencia, pero a medida que el pastor les habló del matrimonio como Dios lo ha ordenado, estuvieron de acuerdo.

Antes de que se fueran, el pastor les sugirió que a fin de devolverle a la vida de ellos una perspectiva correcta, deberían leer la Biblia y asistir con regularidad a la iglesia. No tenía que ser la iglesia de él, pero les aseguró que en ella serían bienvenidos. A causa de la influencia del pastor, pronto estaban asistiendo con regularidad a su escuela dominical y a su iglesia.

Fieles a lo que habían prometido, María y Roy vivieron aparte por tres meses y se casaron en la iglesia.

Su desarrollo espiritual fue lento. A veces parecía que argüían demasiado. Se inscribieron en la clase que ofrecía la iglesia para fomentar una buena vida matrimonial, aunque al principio aún en las clases argüían un poco.

María comenzó a demostrar crecimiento espiritual, pero Roy parecía quedarse un poco rezagado. "Él sólo necesita más tiempo para crecer en su fe. Sean pacientes con él," nos aconsejó el pastor.

Invitamos a Roy a unirse al equipo de béisbol de la iglesia. Al conocerlo mejor encontramos que era simpático y amable. Roy también comenzó a asistir con regularidad a las reuniones de los hombres.

Fue un día de gran regocijo cuando, a los seis meses de su boda, Roy y María aceptaron a Cristo como su salvador.

Han transcurrido varios años y Roy y María han demostrado seriedad en cuanto a vivir sus vidas para Cristo. Ambos sirven en puestos de liderazgo en la iglesia. Juntos enseñan una clase de adultos de escuela dominical, y ella sirve como presidenta de la sociedad misionera. Recientemente, Roy fue elegido miembro de la junta de la iglesia.

María y Roy comprueban que hay miembros potenciales de la iglesia en todas partes, aun en clubes nocturnos y en bares.[1]

Bienvenidos al Hogar

Un hogar es el lugar que toda persona necesita y al cual puede regresar y encontrarse que es bienvenido. La iglesia necesita ser un hogar donde los pecadores puedan acudir para encontrar la salvación para sus almas enfermas de pecado. Los que ya estamos dentro de la iglesia no tenemos que temer que los pecadores que lleguen a nosotros vayan a debilitar nuestro testimonio. De hecho, para eso está la iglesia, para la conversión de los pecadores. ¿Cómo llegarán a convertirse si nunca se sienten lo suficientemente bienvenidos como para llegar a su hogar? Nosotros podemos reposar en la confianza de que Dios nos va a ayudar a encontrar el equilibrio que necesitamos mientras brindamos amor y aceptación a la gente, *a la vez* que mantenemos una posición bíblica en contra del pecado.

Acerca de la autora: Darlene Teague es redactora de materiales curriculares para la Iglesia Wesleyana de Indianápolis.

concepto erróneo común
número 4

Como lo oímos fuera de la iglesia: "Cada cual tiene que buscar el camino hacia Dios de la manera que pueda".

Como lo oímos dentro de la iglesia: "Dios es demasiado amoroso para enviar a alguien al infierno".

Trasfondo bíblico: Salmos 118:22; Mateo 7:13-20; 28:18-20; Juan 10:7-9; 14:6; Hechos 4:11-12; 11:26; 17:16-34; 19:9, 23; 24:14, 22; Romanos 2:14-15; Hebreos 11

CAPÍTULO 4

Todas las Religiones Son Igualmente Buenas

por Joseph E. Coleson

"Todas las sendas conducen a la cumbre de la montaña". ¿Ha oído alguna vez esa frase? Hoy día la frase comúnmente se oye cuando la gente habla del destino eterno de los seres humanos, aunque la expresan más a menudo los no cristianos que los cristianos.

Pero, ¿es que todos los caminos realmente conducen a la cumbre de la montaña? Uno podría, teóricamente, ascender a la cumbre de una montaña física por cualquier ruta de cualquier ladera. Pero yo he tenido suficiente experiencia como alpinista para saber que, en la práctica, no es tan fácil. Hay subidas en algunas montañas que pueden ser fatales (¡y lo son!) para el alpinista promedio que sea tan necio como para intentar ascenderlas. Aun los alpinistas expertos que conquistan algunas rutas "imposibles" lo hacen sólo a gran riesgo. Si se toma literalmente, es adagio tan común ese peligroso.

El adagio es, claro está, una metáfora. No se refiere a una montaña física, sino a la vida eterna en el cielo con Dios. La intención no es sugerir que solamente llegarán al cielo los peritos o expertos espirituales con mucha experiencia. Lo que se quiere decir es lo opuesto. Ese proverbio sugiere que la gran mayoría de los seres humanos va a alcanzar el cielo, no importa cuál camino sigan hacia ese destino tan deseable. Sugiere que el cielo es una cumbre de poca altura, y que todas sus aproximaciones son cómodas, pavimentadas, de fáciles declives y con muchas paradas para reposar.

Pero no toda metáfora es apropiada. La que aquí consideramos sostiene que toda religión (o ninguna) es igualmente segura para conducir a uno hasta el cielo al final de la vida. En fin, dice que Dios es benévolo y "demasiado bueno y amante para enviar a alguien al infierno" (lo cual es la manera común de expresar esa idea incluso por algunos cristianos). La pregunta es: ¿Cabe la metáfora? ¿Presenta un cuadro correcto del destino eterno de todas las personas?

La respuesta es vital. El desearlo no hace que algo sea bueno, ni tampoco lo hace expresarlo con una metáfora que suene agradable. Si Dios de verdad existe, como lo creemos los cristianos, entonces por lo menos los cristianos necesitamos descubrir lo que Dios tiene que decir al respecto. La Biblia revela el punto de vista de Dios con meridiana claridad, y la iglesia por lo general ha sido consistente en su interpretación y enseñanza de lo que la Biblia presenta.

Jesús Se Llamó a Sí Mismo el Camino

La Biblia declara, y la fe cristiana en todas sus formas auténticas lo ha aceptado, que Dios proveyó un camino al cielo para la raza humana; y que, de hecho, ese camino es Jesucristo.

Todas las Religiones Son Igualmente Buenas 41

Aún más, Jesucristo es el *único* camino. Hablando con Tomás y los demás discípulos en el Aposento Alto, Jesús mismo dijo la noche antes de ser crucificado, "Yo soy el camino, la verdad y la vida; nadie viene al Padre sino por mí" (Juan 14:16).[1]

Permítaseme una palabra acerca de los métodos correctos e incorrectos de interpretar la Biblia: Si la Biblia es la revelación de Dios, no contradecirá su propia y verificable instrucción; y si parece hacerlo, tenemos que buscar hasta hallar un entendimiento más claro. Por tanto, si ese fuera el único pasaje que declarara o implicara que uno no puede venir a Dios sino sólo por medio de Jesucristo, y si otros pasajes declararan o implicaran que existen muchos otros caminos para llegar a Dios, entonces tendríamos que buscar algún otro sentido para las palabras de Jesús aquí, o tendríamos que mostrar que Jesús no lo dijo, o que no pretendía que sus palabras se entendieran como las ha entendido la iglesia históricamente.

Sin embargo, muy definitivamente, esa *no* es la única declaración bíblica de que Dios ha provisto el camino definitivo al cielo en la persona de Jesucristo. Tomaría muchos capítulos explorar de lleno todas las maneras en que la promesa de redención de parte de Dios se declara vez tras vez en las páginas del Antiguo Testamento, y los medios por los cuales Dios preparó a Israel y al mundo para la venida del redentor. Las expectaciones del pueblo judío en la Tierra Santa eran tan altas en el primer siglo, que la gente se fue tras varios líderes carismáticos que prometían libertarla del dominio de Roma. Esas expectaciones no eran incorrectas, pero el programa redentor de Dios era mucho más grande de lo que ellos imaginaban. Muchos no reconocieron al verdadero redentor porque no actuó como ellos esperaban que actuara. Muchos siguieron a los redentores falsos para su propia destrucción.

Instruidos por el Espíritu Santo para recordar las enseñanzas de Jesús y su significado verdadero, los apóstoles y los demás en la iglesia primitiva proclamaron las buenas nuevas de que Dios en verdad ha provisto un camino al cielo. Ellos estaban claros en su testimonio de que ese camino era, y todavía es, Jesús mismo, el Mesías (en hebreo), el Cristo (en griego).

Mateo, de la manera más clara, incluyó las enseñanzas de Jesús acerca del camino amplio y el camino estrecho en la sección clímax del Sermón del Monte (7:13-20). En ese pasaje Jesús no se identificó explícitamente a sí mismo como la puerta o el camino, pero preparó a sus oyentes para esa revelación posterior por medio de su énfasis autoritativo de que, en verdad, no todos pueden encontrar la puerta estrecha y el camino angosto. "Encontrar" en este contexto no quiere decir "descubrir", como si uno nunca hubiera oído antes de esto, sino aceptar que, de hecho, esa puerta pequeña y ese camino estrecho son *el* camino provisto por Dios para aquellos que entrarán a la vida eterna. Hallar significa aceptar, si el destino que uno ha escogido es el cielo, que esta es la puerta por donde uno tiene que entrar, y que este camino conduce hasta allá. Similarmente, en otra ocasión, Jesús hizo más explícita y clara esta idea cuando se llamó a sí mismo la puerta, no una vez sino dos veces (Juan 10:7, 9).[2]

En contraste, la puerta ancha y el camino espacioso de Mateo 7:13 señalan una falta de dirección, propósito, entendimiento y fe; una falta de objetivo, o lo opuesto de moverse hacia una meta. Sin embargo, el moverse, de por sí, no salva. Jesús es el redentor, y Él hizo la obra que logró nuestra redención. Entonces, avanzar por el camino angosto es buena indicación de que el cristiano está en una debida relación con Dios. Donde está Dios, el pueblo de Dios también quiere estar. Si el camino angosto es el camino hacia Dios, el pueblo de Dios quiere estar en ese camino.

Jesús Nos Comisionó a Enseñar que Él Es el Camino

La Gran Comisión de Jesús, dada antes de su ascensión (se relata en Mateo 28:18-20), es otra indicación de que él daba mucha importancia a que la gente le conociera como el camino. Jesús comenzó con una declaración asombrosa: "Toda potestad me es dada en el cielo y en la tierra" (v.18). Si Jesús no era lo que proclaman las Escrituras, y lo que Él mismo alegaba ser, entonces era, cuando menos, un demente iluso, excéntrico, aunque inofensivo; y cuando más, un megalómano delirante, mentiroso y peligroso. Pero si esta declaración es cierta, entonces Jesús es lo que reclama ser, y eso incluye ser el único camino. Como muchos han observado, no hay terreno neutral, ni base para considerar a Jesús como sólo uno de muchos buenos maestros en la historia del mundo.

Si Jesús posee toda potestad, es lógico concluir que ningún otro camino podría ser válido a menos de que Jesús lo validara. Sus instrucciones, como se expresan en la Gran Comisión, indican que no endosó ningún otro camino. Más bien, los seguidores de Jesús habrían de dedicar su vida a informar a todo el mundo que Él es el camino.

"Por tanto, id (*porque* se me ha dado toda potestad), y haced discípulos a todas las naciones" (v. 19). ¿Qué quiere decir hacer discípulos? Quiere decir bautizarlos "en el nombre del Padre, del Hijo, y del Espíritu Santo" (v.19), es decir, en identidad como parte de la familia de Dios por fe en Jesús como el camino. También quiere decir enseñarles "que guarden todas las cosas que os he mandado" (v .20), es decir, seguir a Jesús como el camino, caminar como Él nos demostró y nos instruyó a andar. En los primeros años, los cristianos incluso se conocían como la gente *del Camino.* Véase Hechos 19:9, 23 y 24:14, 22.

La Iglesia Primitiva Entendía que Jesús Es el Único Camino

Pedro y Pablo eran dos de los líderes y maestros más importantes de la iglesia primitiva, como lo indica el registro del Nuevo Testamento. Ambos hombres eran enfáticos en que Jesús era y es el camino que Dios ha dado a la raza humana para ganar el acceso a Dios y al cielo.

Muy temprano en la historia de la iglesia, antes de que Pablo llegara a ser cristiano, incluso antes de que la iglesia se hubiera diseminado más allá de Jerusalén, Pedro (citando Salmos 118:22) declaró que Jesús era "la Piedra … que ha venido a ser la cabeza del ángulo" (Hechos 4:11). Pedro prosiguió a definir más precisamente y con mayor énfasis el papel de Jesús como la piedra angular: "Y en ningún otro hay salvación, *porque no hay otro nombre* bajo el cielo, dado a los hombres, en que podamos ser salvos" (v. 12, con énfasis agregado). En otras palabras, si nosotros vamos a ser salvos de la muerte que todos experimentamos a causa del enajenamiento de Dios de toda la humanidad, nadie más que Jesús lo puede hacer.

Años más tarde Pablo, habiéndose vuelto el evangelista principal para los que no eran judíos, habló con los filósofos atenienses que todavía no habían oído acerca de Jesús (Hechos 17:16-34). Pablo captó su atención citándoles sus poetas y haciendo notar la dedicatoria de uno de los muchos altares a los ídolos que había en el centro de Atenas: "Al Dios no conocido". Ese, dijo Pablo, era el Dios del cual él estaba hablando. Pablo pasó la mayor parte de su breve discurso revelando a Aquél a quien hoy día llamaríamos la primera persona de la Trinidad. Pero su conclusión, y el clímax hacia el que dirigía su discurso, era la afirmación de que el plan de Dios para la culminación de la historia del mundo se centraba en la persona y en la obra redentora de Jesucristo. Jesucristo no era solamente *un* camino, sino el camino escogido por Dios para obtener la justificación que hemos anhelado desde aquel antiguo día en el huerto cuando por primera vez la abandonamos.

Hoy, obviamente, la mayoría de la gente fuera de la iglesia no cree eso. Aun dentro de la iglesia, mucha gente está lista para creer que Jesús es un buen camino para los cristianos occidentales, pero no necesariamente el único camino para todas las personas alrededor del mundo. Pero ni la iglesia primitiva ni la totalidad del Nuevo Testamento carecieron de imprecisión respecto a este punto. Ciertamente Pedro, Pablo, y el resto de la iglesia primitiva creían que Jesús era el camino señalado por Dios, y el *único*, para alcanzar la vida eterna con Él en el cielo.

¿Quién Llega al Cielo?

¿Quiénes, pues, llegan al cielo? ¿Cómo llegan? Para propósitos de claridad, debemos dirigirnos brevemente a otra pregunta: ¿Qué es ser cristiano?

Dado que se usó el término "cristiano" por primera vez en Antioquía (Hechos 11:26), es claro que los que eran del pueblo de Dios antes del tiempo de Jesús no podían haber sido "cristianos". ¿Estarán ellos en el cielo? La Biblia enseña claramente que Jesús murió tanto por los creyentes que vivieron antes de que Él viniera a la tierra, como por los que vivieron después. Como vemos en Hebreos 11, todas las personas de fe que habían vivido antes enfocaron su fe en las promesas de Dios. El cumplimiento de las promesas de Dios para ellos ahora se ha dado en Jesucristo, y su redención también está completada en Él. Así, pues, ellos están en el cielo.

La mayoría de los cristianos hemos creído que los bebés, y los niñitos también, si mueren antes de la edad cuando puedan comprender y aceptar personalmente a Jesús como su Salvador y Señor, están en el cielo. Por lo menos esos dos grupos de personas, que no pueden llamarse "cristianos" en el sentido personal, van a estar en el cielo.

De aquí en adelante la cosa se pone un poquito más complicada. A medida que la fe cristiana se fue diseminando por el mundo, y a través de las edades hasta el presente, la palabra "cristiano" ha llegado a ser en algunos lugares un identificador cultural aunque no necesariamente religioso.

En países predominantemente musulmanes y árabes, los cristianos son aquellos cuyos ancestros por siglos no se han convertido a la fe musulmana después de las conquistas del siglo 7. En Israel, "cristiano" incluye casi a todo el que no sea ni musulmán ni judío. Las Filipinas es un país mayormente cristiano, y la mayoría de los cristianos son católicos romanos. Allí, ser "nacido de nuevo" es una referencia a cualquier cristiano que no sea católico romano. En los Estados Unidos, sin embargo, muchos que se consideran "nacidos de nuevo" no llamarían "cristiano" a alguien a menos que se describa también como "nacido de nuevo".

Y ¿qué de lo que enseña Pablo en Romanos 2 en el sentido de que los que no han oído la Ley (la Torá o instrucción) podrán ser juzgados como justificados por Dios si hacen "por naturaleza lo que es de la Ley?" (v. 14). Parece que sería posible (no probable sino posible) que haya algunas personas que, en efecto, busquen a Dios consistentemente, viviendo en la mejor luz que les brinda su cultura, de modo que sus "razonamientos" les puedan "defender" (v. 15).

Esto no es decir, sin embargo, que cualquier camino nos va a conducir hasta la cumbre de la montaña. Si continuamos con nuestra metáfora, deberíamos decir más bien que Dios les otorga gracia a esos que le buscan de modo que encuentren el camino, aun cuando las circunstancias de su historia y su geografía no les permita oír nunca el Nombre del camino. Puede ocurrir dentro de la gracia y la providencia de Dios, pero no con suficiente frecuencia como para que los cristianos deban depender de ello para las vidas de aquellos que nunca han oído. A nosotros todavía se nos encarga la Gran Comisión. Todavía afirmamos que "no hay otro nombre bajo el cielo, dado a los hombres, en que podamos ser salvos" (Hechos 4:12).

Un Pensamiento Final

Erraremos el blanco si, y cuando, pensamos que el cielo es un premio último que encuentran los diligentes o los pocos afortunados, a los cuales se les pueda ver de algún modo como "merecedores". La Biblia enseña, y el wesleyanismo más elevado siempre ha enfatizado que el cielo solamente es el cielo porque Dios está allí. Nosotros no buscamos un lugar sino una relación con Dios. Jesucristo es Dios. Rechazar a Jesucristo es rechazar a Dios y toda relación con Dios.

Jesucristo es el único camino no porque Dios arreglara arbitrariamente las cosas para que el mayor número de personas fuera excluido de su cielo. Jesucristo es el único camino porque solo Jesucristo es Dios. Conocer a Moisés, a Sócrates, a Platón o al Dalai Lama puede ser algo muy bueno, pero conocer a cualquiera de esos grandes maestros no es lo mismo que conocer a Jesucristo, como tampoco conocer al gobernador del estado o de la provincia en la que uno vive es lo mismo que conocer al presidente o al primer ministro del país.

Dios es una persona, o para ser preciso, tres personas en uno. No es irrazonable descubrir que si uno desea conocer al Padre, necesita ser introducido por el Hijo.

Acerca del autor: El Dr. Coleson es profesor de Escrituras Hebreas en el Seminario Teológico Nazareno de Kansas City, Missouri, EUA.

concepto erróneo común
número 5

Como lo oímos fuera de la iglesia: "¿Cómo pueden los cristianos decirle algo a alguien cuando ellos mismos no pueden ponerse de acuerdo?"

Como lo oímos dentro de la iglesia: "Puede que tenga que amar a mis hermanos y hermanas cristianos, pero eso no quiere decir que me tengan que caer bien".

Trasfondo bíblico: Juan 17:11, 20-21; 1 Corintios 12:12-20; Efesios 4:4-6

CAPÍTULO 5

Los Cristianos No Pueden Ponerse de Acuerdo en Nada

por David W. Holdren

El titular de primera plana del periódico decía: "Sacerdotes ortodoxos en pleito a puños con monjes franciscanos en la Iglesia de la Natividad".

Para algunos la primera reacción sería: "¡No puede ser!" ¿Monjes y sacerdotes peleando? ¡Esas cosas no suceden!

Sin embargo, otros dirían, "Vean, pues, ¡ni los más religiosos se pueden llevar bien!"

Y usted, ¿cómo reaccionaría?

En realidad, ese titular podía haber aparecido en cualquier periódico a fines de los años 1800. Los dos grupos, la Iglesia Ortodoxa Griega y la Orden de los Franciscanos de la Iglesia Católica Romana han alegado poseer la propiedad de la Iglesia de la Natividad, el sitio tradicional del nacimiento de

Jesús. En el siglo 19, la contienda se salió a tal punto de control que irrumpieron pleitos violentos entre los dos grupos. Desde 1873 hasta hoy, patrullas de la policía vigilan la Iglesia para evitar las peleas a puñetazos.

Un ejemplo tan violento de desacuerdos levanta una pregunta importante. Los de fuera de la iglesia menean la cabeza y se preguntan, "¿No pueden ponerse de acuerdo esos cristianos en algo?" Y los que están dentro de la iglesia repiten el quejumbroso llamado: "¿Es que no podemos llevarnos bien?"

Afuera, Mirando para Adentro

La gente que no entiende el cristianismo señala a las iglesias en cada esquina y se pregunta por qué hay tantas denominaciones. En la opinión de esas personas, cuando un grupo de cristianos no se lleva bien con otro grupo, se marcha y va y forma otra denominación. Esto se ha repetido tantas veces que hay literalmente miles de denominaciones cristianas.

Cierta persona alegó que caminando por la calle de un pequeño pueblo se topó con sólo dos iglesias, una exactamente en frente de la otra. El letrero de una decía: "Primera Iglesia Bautista". El letrero de la otra decía: "Iglesia Bautista de la Trina-Inmersión, Bautizada en el Fuego, Verdadera Iglesia de Dios del Libre Albedrío".

La persona comentó a modo de chiste: "Definitivamente han tenido discusiones teológicas en ese pueblo".

Así se ven las divisiones en la iglesia para los que miran para adentro desde afuera del cristianismo.

Cómo Se Ve por Dentro

A veces no se ve mucho mejor para los que han sido cristianos por mucho tiempo. A veces todo parece un gran montón de confusión teológica.

Considere el asunto tan importante de la salvación. La mayoría de los cristianos estamos de acuerdo que la salvación por medio de Cristo es el aspecto más importante de la fe. Pero al preguntársenos cómo recibimos esa salvación, ¡hay que dar un paso atrás! Los calvinistas estrictos reclaman que Dios ya ha determinado el destino de cada persona (sea el cielo o el infierno) por algo que se llama "predestinación". El grupo wesleyano de santidad dice que la salvación es solo y sencillamente por la fe.

Tal énfasis en las diferencias entre las denominaciones hace que perdamos de vista una idea muy importante: Cada denominación tiene un propósito particular. Cada una ha sido levantada para resaltar una parte específica de la misión cristiana. Un modo de pensar acerca de esto es imaginarnos un gran diamante de muchas caras. Cuando levantamos esa piedra preciosa y la volteamos lentamente, vemos diferentes patrones al traspasar la luz por ella. Sin embargo, es una misma joya. Los distintivos denominacionales son como las caras del diamante, cada cual agregando su propia dimensión a la hermosura total.

Resultados Opuestos

Esas percepciones acerca de los desacuerdos dentro de la cristiandad tienen algunos efectos perjudiciales. Para muchos, ver tantas denominaciones causa confusión acerca del cristianismo. Si los cristianos están en tanto desacuerdo, la gente se pregunta si se puede creer lo que dicen. Las personas que están buscando seriamente respuestas espirituales divagan hacia otras religiones desistiendo de buscar respuestas en el cristianismo.

Dentro de la iglesia, el desacuerdo en su forma menos agresiva resulta en aislamiento. Los varios grupos cristianos se quedan en su propio y pequeño mundo, sin tener interacción con otros grupos. No hay compañerismo entre los diferentes grupos de creyentes y hay poquísimo aprecio por las capacidades espirituales de los demás grupos.

En su forma más agresiva, el desacuerdo puede causar francas batallas, como la que hubo entre los monjes y los sacerdotes en la Iglesia de la Natividad. Sin embargo, eso también ocurre en medio de las congregaciones. Y la guerra civil en una congregación es fatal. Lo hemos visto por años. Las luchas de poder y las actitudes carnales de crítica, chisme y falta de perdón destruyen el testimonio del grupo dentro de la comunidad eclesiástica, para con los hijos, y para con el vecindario que les rodea.

Frustrados, muchos cristianos se dan por vencidos y dejan de buscar la salida de ese laberinto teológico. Entonces dicen cosas como, "Es cierto que tengo que amar a mis hermanos cristianos, ¡pero eso no quiere decir que me tengan que gustar!"

¿Cuál es la Respuesta?

Somos diferentes; eso es cosa humana. Tenemos diferencias de *personalidad*. Nuestras *experiencias* pasadas y las *culturas* en las que fuimos criados revelan muchas variaciones entre nosotros. Nuestra *etnicidad*, nuestro *idioma* y nuestro *color* son cualidades casi imposibles de cambiar. Dios nos hizo *varón* y *hembra*, lo cual es una distinción notable. Por supuesto que entre la variedad de seres mortales también encontramos diferencias en *valores* y *prioridades*.

No hay nada necesariamente incorrecto ni malo en cuanto a nuestras muchas diferencias. Lo que preocupa es lo que hacemos con nuestras diferencias y cómo nos afectan a nosotros, a nuestras relaciones y a nuestra influencia.

¿Ha escuchado usted embelesado alguna vez a alguien tocando hermosamente el piano? Cada tecla en el piano es diferente de todas las demás; cada una tiene su propio tono. Con todo, cuando diferentes teclas se tocan en la relación correcta entre ellas, ocurre una cosa maravillosa: los acordes armoniosos. Por otro lado, si se toca cada nota en competencia

Los Cristianos No Pueden Ponerse de Acuerdo en Nada 53

con las otras, ocurre un sonido horrible: discordancia o simplemente ruido. La unidad dentro de la diversidad se llama armonía, y esa es la respuesta para nuestros desacuerdos. La armonía que se escucha en la música es algo hermoso, y es bella cuando se ve en las relaciones humanas.

Ahora podemos ver por qué uno de los deseos más grandes de Cristo para sus seguidores fue la unidad. Oiga la petición íntima y apasionada de nuestro Salvador cuando oró: "Padre santo, a los que me has dado, guárdalos ... para que sean uno, así como nosotros. ... Pero no ruego solamente por estos, sino también por los que han de creer en mí ... para que todos sean *uno* ... para que el mundo crea que tú me enviaste" (Juan 17: 11, 20-21 con énfasis agregado).

¿Por qué tendría Jesús tanta pasión por la unidad entre sus seguidores? Por el poder positivo que ejercería la unidad sobre los que observaran y necesitaran acudir a Él en fe para su salvación.

El apóstol Pablo, uno de los primeros y más famosos cristianos, nos ayuda a ver más completamente la unidad por la que Jesús rogaba. El Apóstol habló acerca de *la importancia de nuestras diferencias*. Si permitimos que nuestras diferencias se conviertan en motivo de cortesías mutuas (y de complementos mutuos) en lugar de críticas, todos ganamos. Si nos percatamos de que en verdad nos necesitamos mutuamente por causa de nuestras propias deficiencias e imperfecciones, todos tendremos razones para apreciarnos a nosotros mismos y a los demás.

Así se explica en 1 Corintios 12:12-20. El Apóstol aquí nos ayuda a ver todo conjunto de cristianos como si fuera un cuerpo (un cuerpo espiritual, pero cuerpo al fin, con cada persona formando una parte diferente pero útil. Nos dice que no disminuyamos nuestra propia aportación, ni que seamos celosos del otro con sus fortalezas y aportaciones. Lo que el Apóstol nos dice en esencia es que dentro de la iglesia de Jesucristo, toda persona es una persona especial. Por la gracia de Dios, necesitamos aprender a tomar nuestras diferencias y transformarlas en contribuciones y cumplidos en lugar de conflictos y críticas.

Pablo también nos recuerda *del poder de las cosas que tenemos en común:* los valores, las experiencias y las causas que nos unifican. Aunque algunas de las causas de unidad que encontramos en las circunstancias seculares de la vida incluyen un enemigo común, un bien común, orígenes comunes, o pasiones y metas comunes, al Apóstol le interesaba lo que los cristianos tenemos en común: "Un solo cuerpo … un solo Espíritu … llamados en una misma esperanza … un solo Señor, una sola fe, un solo bautismo; un solo Dios y Padre de todos" (Efesios 4:4-6). Nosotros, pues, debemos permitir que esos puntos de unidad lleguen a ser más fuertes que nuestras diferencias y las actitudes que nos dividen.

Hay Gran Poder en la Unidad

Recuerdo fácilmente mi asombro cuando a la edad de siete años me expuse al poder de la lupa. Aunque el propósito principal de mi abuelito era ayudarse a leer el periódico, para mí era una fascinación. Yo podía tomar los rayos tibios del sol y enfocarlos por medio de ese lente especial sobre un pedazo de papel o sobre una hoja seca. Lo que era apenas tibio se convertía en un rayo láser de calor, y luego en una llama, y todo como resultado de la energía enfocada.

El odio y el amor, y la división y la unidad, todos y cada uno tienen gran poder cuando son enfocados. ¿Cuáles vamos a enfocar?

El poder de la unidad se experimenta en su *impacto*. Ese impacto puede ser en términos de victoria o de bendición. Aun los "tipos malos" del mundo experimentan victoria cuando por medio de la concentración en la unidad conquistan algún desafío. De igual modo, la unidad puede ser un catalítico que haga un impacto por Cristo.

El poder de la unidad se experimenta en *celebración*. Siempre que prevalece la unidad, aunque no se noten otros resultados ni otros logros, fomenta por lo regular un sentido de celebración y de gozo. Tiene su poder puro propio, el cual resulta bueno y conveniente para los que la experimentan. Es como un anticipo del cielo.

El poder de la unidad se experimenta en *comunidad*. Junto con la celebración llega un vínculo hermoso y maravilloso. La Biblia griega usa el término *koinonia,* que significa compañerismo profundo y transformador, y un vínculo que dignifica y fortalece a los que lo comparten. El dulce sentido de pertenecer al grupo, y ser estimado por el grupo, es una experiencia de gran valor cuando prevalece la unidad.

El poder de la unidad se experimenta por medio del *testimonio*. Eso era lo que anhelaba Jesús cuando oró al Padre celestial pidiendo nuestra unidad como sus seguidores: "para que el mundo crea" (Juan 17:21).

El poder de la unidad lo experimenta Cristo como *honor*. Sí, así es. Quizá el poder más importante de la unidad yace en su significado para nuestro Creador y Salvador mismo. Le rinde honor a Dios. Cuando nos reunimos para celebrar lo que llamamos "adoración corporativa," no se habla de una "corporación" que esté adorando. De lo que hablamos es de una reunión de personas que tienen multitudes de diferencias, pero que sin embargo se unen para adorar y para honrar a Dios, y para buscar su gracia y dirección en cada una de las muchas vidas presentes.

Soplan Nuevas Brisas de Unidad

Es bastante fácil enfocarnos en las diferencias entre las religiones, las denominaciones y aun dentro de las congregaciones. Hay amplia historia que revisar sobre ese asunto.

Podríamos pasar todo nuestro tiempo tratando de comprobar cómo somos diferentes de todos los demás.

Sin embargo, hay una nueva inclinación clara y apasionante entre los cristianos de toda "estirpe" que busca ver cómo puede funcionar en conjunto lo distintivo de cada denominación para llevar a cabo efectivamente la Gran Comisión. Cuando eso ocurre, nuestras diferencias no se vuelven causa de discordia ni de división, ni tampoco se mezclan para formar un cristianismo blando y genérico. Más bien, cuando cada denominación preste lo distintivo de ella en favor de una unidad armoniosa, nos aproximaremos más al cumplimiento del propósito de Dios para la humanidad, es decir, que toda persona venga al conocimiento salvador de Jesucristo.

Está amaneciendo un día nuevo en el cual podemos dejar de luchar por causa de nuestras diferencias y empezar a enfocarnos en nuestra unidad en Cristo. Es un día en el que podemos responder al llamado de Dios de construir puentes en lugar de edificar barreras. Aun cuando se trate de nuestra relación con el mundo "allá afuera", más allá de la iglesia, podemos ser más efectivos en ganarlos para Cristo si podemos vivir nuestra unidad en la diversidad.

Tomando en consideración todas las diferencias, existe una pasión creciente entre los grupos cristianos de enfocarnos en que somos bendecidos comúnmente *por medio* de Cristo de modo que podamos, todos juntos, ser una bendición *en pro* de Cristo. Es algo emocionante ver a los cristianos uniéndose en oración y pidiendo un despertar espiritual entre nuestras comunidades y nuestras naciones.

Acerca del autor: El Dr. Holdren es Superintendente General de la Iglesia Wesleyana.

concepto erróneo común
número 6

Como lo oímos fuera de la iglesia: "La Biblia es sólo un libro humano sin aplicabilidad para la vida real".

Como lo oímos dentro de la iglesia: "Las viejas normas ya no son aplicables".

Trasfondo bíblico: Jueces 17:6; Salmos 19:7-11; Mateo 5:17-19; 2 Timoteo 3:16-17

CAPÍTULO 6

¡En lo Absoluto! ¡No Hay Absolutos!
por Kevin D. Newburg

La Biblia no es reacia en proclamar sin ambages su importancia. "Toda la Escritura es inspirada por Dios y útil para enseñar, para redargüir, para corregir, para instruir en justicia, a fin de que el hombre de Dios sea perfecto, enteramente preparado para toda buena obra" (2 Timoteo 3:16-17).

No obstante, el escéptico de inmediato objeta: "Pero es que hay un sinnúmero de grandes libros disponibles. Claro que habría que considerar la Biblia como uno de ellos. Sin embargo, así como uno no orientaría su vida entera alrededor de los escritos de Shakespeare, o de Dickens, o de Twain, tampoco la gente debería usar la Biblia como un 'manual de instrucciones' para la vida. Es simplemente un libro que fue escrito por gente normal que trataba de hallarle sentido a su mundo. Es un libro antiguo. Y aunque tiene algunas historias interesantes y nos provee de cierta información histórica, no debe usarse como 'la guía definitiva para la vida.' De hecho, nada debe asumir universalmente ese papel. Nadie puede dictarle a otro persona lo que es correcto y lo que no es. En mi vida, los deberes y los que no son deberes, y las obligaciones y las que no son obligaciones, son míos y no debo tratar de imponérselos a los demás".

Libertad Individual

El argumento se presenta así: *el único absoluto es que no hay absolutos*. Aquí la verdad y la realidad se perciben como ambiguas. El significado lo determina en el momento el individuo. Cada vida difiere a tal punto de las demás que nadie podría jamás comprender verdaderamente lo que experimenta la otra persona. Mi historia es la mía; su historia es la suya; son independientes y únicas. No hay principios dominantes, no hay ética universal, no hay estándares verdaderos por los cuales juzgar ni evaluar. En última instancia esa filosofía arguye que la sociedad no puede juzgar la aceptabilidad de ninguna forma de expresión, de norma o de estilo de vida. La declaración más vigorosa que uno puede emitir es, "Eso no es para mí. Pero mientras que no se lastime a nadie, ¿quién puede objetar?"

La Biblia tiene otro punto de vista. No es la primera vez que esa situación existe. Era una idea popular en la historia antigua. "En aquellos días no había rey en Israel y cada cual hacía lo que bien le parecía" (Jueces 17:6).

Individualidad Cristiana

Hoy hemos llegado a creer que la libertad *individual* es la base de la democracia. Los derechos individuales, los cuales siempre tienen que defenderse, han venido a ser el máximo objetivo. Por lo tanto, no tengo derecho de decirle a usted cómo debería vivir. Con tal de que no se abusen los derechos individuales del otro, uno debería de tener la libertad de hacer lo que le venga en gana. Eso es lo que hace tan "grande" este país.

Equiparamos los principios sobre los cuales se fundó nuestro país con los principios cristianos. Luego, también equiparamos la democracia con el cristianismo. Asociamos a tal punto nuestra nación con el cristianismo, que razonando en retroceso concluimos que la libertad individual es una creencia cristiana. Ir de los derechos individuales a la ausencia de los absolutos morales no requiere un gran paso. Luego, la iglesia no tiene derecho de decirle a nadie lo que es y lo que no es correcto, ya que ello equivaldría a negar la libertad individual.

Dentro de la iglesia se encuentra la misma filosofía en una variedad de maneras. La persona de negocios cristiana alega, "Si no hay daño, no hay falta. En ese mundo allá afuera los perros se comen a los perros. 'Cada cual por su cuenta'. La ley dice que hay que hacerlo de cierto modo, pero todo el mundo sabe que nadie lo hace así. Además, la única razón por la que han establecido esa ley es para obligarnos a pagar más impuestos. Si no hacemos economías ocultas, otra persona va a ofrecer condiciones más ventajosas y, entonces, ¿dónde va a quedar nuestra compañía? ¿Y qué les pasaría a nuestros empleados?"

En ausencia de absolutos, y rodeados por colaboradores y competidores que sutil o descaradamente evitan, comprometen o reinterpretan lo que es aceptable, para algunos cristianos se vuelve difícil practicar el cristianismo en el trabajo. Hay veces que se es presionado a seguir la corriente. A veces esas presiones son severas: la amenaza de perder el empleo, por ejemplo. Con el transcurrir del tiempo, puede que resulte que ya ni reconozcamos siquiera que lo que estamos haciendo es ilícito. No porque corramos el riesgo de que nos descubran haciéndolo. No porque le estemos robando a la compañía.

No porque estemos burlando la ley. Sino ilícito porque simplemente es ilícito.

"Y le presentaron a Jesús un hombre que había sido sorprendido robándole a su compañía. Y Jesús les dijo, '¿No tenéis ojos para ver ni oídos para oír? Su compañía tomó ventaja injustamente de él. No se le pagó suficiente. No se le hizo daño a nadie. Y todos en su oficina lo estaban haciendo. Este hombre es una buena persona. Ama a su esposa, tolera a sus hijos y va a la iglesia la mayoría de las veces. Ustedes, fariseos, con sus reglas, ¡sean menos rígidos! ¡Ablanden un poco! ¡Ubíquense! No se puede esperar que un hombre sea perfecto en el trabajo.' Y el hombre se marchó sintiéndose mucho mejor acerca de sí mismo".

Cómo que usted nunca ha oído esa versión de la Biblia, ¿verdad? Ni la oirá jamás, porque Jesús nunca haría concesiones con la verdad.

Escogimientos Individualistas

Aun así, en un mundo moderno que parece carecer de absolutos, y que está lleno de interpretaciones personales, cada una de las cuales se alega ser tan válida como cualquier otra, es fácil decir: "Esa película no estuvo tan mala". "La canción tiene melodía bonita aunque las palabras son algo sugestivas". "Sí, claro, el alcoholismo es un problema serio, pero no hay nada de malo con una cerveza fría en una tarde calurosa". "Los personajes del programa televisado no gozan de buena moral, pero son comiquísimos".

Si no creemos en los absolutos, entonces en realidad no importa saber en qué creemos. No diremos si una religión lo tiene "todo correcto" o si la otra lo tiene "todo incorrecto". Si todo es asunto de opinión, y si toda opinión o interpretación es tan válida como la otra, entonces todos esos matices teológicos no serán más que una molestia.

Desgraciadamente, entonces, los distintivos y las pautas cristianos se aceptarán o se rechazarán primeramente a base de ventajas personales. Qué contraste con la actitud de Juan Wesley, a quien podemos parafrasear así: "Si no fortalece tu relación con Dios, sino que lo que oyes, ves, lees u observas debilita aun en lo más mínimo tu relación con Dios, ¡evítalo!"[1]

Estos No Son los Días de Antaño

Hace tiempo que no existen los grupos wesleyanos de responsabilidad mutua. En ellos, los individuos confesaban francamente a una media docena de otros cristianos lo que habían hecho, lo que habían dicho, lo que habían pensado o lo que habían dejado de decir o hacer. Entonces pedían que sus compañeros les ayudaran a discernir si sus acciones habían sido correctas o incorrectas, si habían pecado o no. Luego permitían que en lo sucesivo los del grupo les exigieran rendir cuentas. Grupos como esos son una noción totalmente ajena para muchos hoy en día.

La responsabilidad mutua y los absolutos se rechazan porque se consideran fuera de moda, anticuados, vestigios de un sistema de creencias basadas más en el Antiguo Testamento que en las enseñanzas de Jesucristo. Alguien dice, "Sabes, todos los ´no hagas´ están en el Antiguo Testamento. Jesús nunca hablaba así. De hecho, parece que Jesús vino para corregir las enseñanzas inadecuadas del Antiguo Testamento". Otro se vuelve portavoz de muchos cuando dice, "El Antiguo Testamento no me hace sentido". O, dicen algunos cristianos, "Me gusta leer los evangelios. Me gustan las cosas que dice Jesús. Jesús habla de libertad, de amor, de gozo y de felicidad. El Dios del Antiguo Testamento me parece demasiado de enojado. Jesús no tiene nada que ver con todas esa reglas".

Sin embargo Jesús dijo:

> No penséis que he venido a abolir la Ley o los Profetas; no he venido a abolir, sino a cumplir, porque de cierto os digo que antes que pasen el cielo y la tierra, ni una jota ni una tilde pasará de la Ley, hasta que todo se haya cumplido. De manera que cualquiera que quebrante uno de estos mandamientos muy pequeños y así enseñe a los hombres, muy pequeño será llamado en el reino de los cielos; pero cualquiera que los cumpla y los enseñe, este será llamado grande en el reino de los cielos (Mateo 5:17-19).

Las enseñanzas y el ministerio de Jesús están edificados sobre el fundamento del Antiguo Testamento. Sin embargo, en una cultura en donde tratamos de evitar los absolutos, en donde no creemos en los absolutos, el Antiguo Testamento nos incomoda considerablemente. No solo por sus listas de haz esto y no hagas lo otro, sino también porque está lleno de relatos de personas que no hicieron caso a esos mandatos y acabaron enfrentando serias consecuencias. Es mucho más fácil rechazar esos relatos como anticuados, inaplicables, suplantados u optativos, que aceptarlos como fundamentales.

Necesitamos Reglas

La Biblia no vacila en salir a nuestro encuentro y decirnos cómo vivir, y con derecho.

> La ley de Jehová es perfecta: convierte el alma; el testimonio de Jehová es fiel: hace sabio al sencillo. Los mandamientos de Jehová son rectos: alegran el corazón; el precepto de Jehová es puro: alumbra los ojos. El temor de Jehová es limpio: permanece para siempre; los juicios de Jehová son verdad: todos justos. Deseables son más que el oro, más que

mucho oro refinado; y dulces más que la miel, la que destila del panal. Tu siervo es, además, amonestado con ellos; en guardarlos hay gran recompensa (*Salmos 19:7-11*).

La ausencia de reglas es caos. ¡Qué enredo tendríamos si todo el mundo ignorara los letreros de "Alto" en la carretera, si decidiera no pagar por los abarrotes, o no trabajar a la vez que esperara recibir salario! Todos reconocemos de buena gana la necesidad de esas reglas y aceptamos su presencia en nuestras vidas. Sin embargo, aun dentro de la iglesia, somos tentados a ser coaccionados por una cultura que declara que esas reglas no deberían de aplicarse a la ética personal; que el concepto tradicional cristiano del pecado es anticuado, y que ya no es aplicable.

Pero tan importante es que comprendamos nuestra fe y nuestro patrimonio como que entendamos las leyes de tránsito de la ciudad. Hay absolutos éticos. Hay actividades que siempre serán malas. Hay responsabilidades que no podemos evitar. Aun así, no son cargas imposibles de llevar, ni reglas que nos roben el gozo de nuestra vida. Más bien, son reglas que nos liberan para seguir plenamente a Dios, y esa es libertad verdadera, ¡absolutamente!

Acerca del autor: Kevin Newburg es el pastor titular de la Primera Iglesia del Nazareno en Tacoma, Washington.

concepto erróneo común
número 7

Como lo oímos fuera de la iglesia: "Todos los cristianos piensan igual, votan de la misma manera, y hasta tratan de parecerse y comportarse de forma semejante".

Como lo oímos dentro de la iglesia: "Se supone que los cristianos piensen igual, voten de la misma manera, y se comporten de la misma forma".

Trasfondo bíblico: Marcos 3:17; 10:43-45; Hechos 2:8-11; 6:1; 15:1-29, 36-41; 1 Corintios 1:2, 5, 7; Gálatas 2:11-14; Efesios 4:4-6, 7

CAPÍTULO 7

Todos los Cristianos Son Iguales

por C. S. Cowles

Ella se sentaba toda agachada en la primera fila de asientos de la clase. Miraba solo el suelo. Nunca tomaba notas. Y fracasaba tanto en los exámenes pequeños como en los más importantes.

Sabiendo yo que su padre era un pastor que estaba pasando por duras pruebas, me incomodaba cada vez más la falta de interés que ella aparentaba. Me parecía que no se esmeraba. Pensé en todo tipo de manera de describirla incluyendo, "malísima estudiante," "perezosa," "descuidada" e incluso, "no es cristiana".

Un día le pedí que se quedara después de la clase. "¿No se da cuenta usted que está fracasando en la clase?" le demandé, casi sin poder ocultar mi irritación.

"Sí", respondió, sin levantar la vista.

"No puedo menos que notar que usted parece estar totalmente desconectada. No la he visto hacer siquiera un apunte".

Con una mirada de pánico en los ojos, me dijo, casi a gritos: "¡Es que no puedo ver!"

Sentado en silencio, atónito, escuché mientras ella me explicaba que no podía ver nada por el ojo izquierdo, y que por el derecho todo lo veía borroso. Por eso no tomaba notas. Y no había podido leer el libro de texto, y claro, se estaba desempeñando pobremente en el curso.

Una serie de exámenes por un oftalmólogo había eliminado el diagnóstico de tumores cerebrales, pero esa semana tendría una cita médica para consultar a un neurólogo. Profundamente conmovido por lo que me había revelado, oré con ella y le ofrecí acompañarla en su caminar en los días venideros. Varias semanas más tarde me compartió el diagnóstico de los médicos: esclerosis múltiple. El primer síntoma, en el caso de ella, fue el ataque a los nervios ópticos.

Me sentí avergonzado, mortificado y turbado por haber concluido que ella estaba desperdiciando la clase cuando en realidad estaba pasando por la peor crisis de su vida. Las "etiquetas" que habían pasado por mi cabeza no habían definido la realidad de la situación. En realidad la había etiquetado incorrectamente.

Etiquetar a la gente es como ponerle un rótulo a la gaveta de las misceláneas donde amontonamos cosas como pilas, bobinas de hilo, tijeras, crayones, sujetapapeles, cables eléctricos, y así por el estilo. En mi casa le decimos "la gaveta de los cachivaches". No quiere decir que el contenido sea basura. Solo nos rehusamos a elaborar una gran etiqueta describiendo todo lo que la gaveta contiene. Aunque las etiquetas ayudan a distinguir una cosa de la otra, nos pueden engañar cuando se las aplicamos a la gente o a los movimientos sociales. Aun así, tenemos la tendencia de ponérselas a las personas sin conocer los hechos que resultarían del escrutinio cuidadoso.

El caso de la estudiante me recordó una vez más los peligros de prejuzgar y hacer generalizaciones indiscriminadas acerca de la gente, especialmente cuando describimos a los cristianos como todos iguales. Con todo, puesto que tales caracterizaciones contienen ciertamente un elemento de verdad, y son consideradas ciertas por los que sostienen tales opiniones, nos incumbe quitarles la envoltura a la luz de la Palabra de Dios y de la experiencia de la iglesia.

Uniformidad

Hay cierta verdad en la acusación de que, "Todos los cristianos piensan igual, votan de la misma manera, y aun tratan de parecerse y portarse igual". Y no solo en cuanto a los cristianos, sino en cuanto a todos en general y cada grupo social en particular, ya que somos mucho más parecidos que diferentes. Hay pocas posibilidades de que a un ser humano se le confunda con un cocodrilo o con un halcón peregrino.

Dentro del género humano hay características que nos definen de acuerdo a nuestra raza, a nuestra nacionalidad, y en muchos casos, a nuestra religión. Pocos confundirían a un sacerdote católico romano con una estrella de la farándula. Todos los grupos sociales, sean pequeños o grandes, reflejan la manera en común de hablar, de vestirse y de comportarse que les distingue de los otros grupos sociales. Solo necesitamos oír a alguien hablar y ya podemos decir si creció en Boston, o en Houston o en Francia. Los agricultores tienden a votar de un modo y los de áreas urbanas de otro.

Así que no debería sorprendernos que en nuestras iglesias se refleje lo que los sociólogos llaman "el principio de la homogeneidad". Al igual que desde el momento de nacer adoptamos automáticamente la lengua, las costumbres y los valores de nuestra familia inmediata, no debería de sorprendernos que también acojamos su punto de vista religioso y político. Los niños que nacen y crecen en familias mormonas crecen y llegan a ser mormones, y los que son de familias judías, llegan a ser judíos. No importa cuánto esfuerzo pongan los jóvenes en distanciarse de sus raíces, raramente logran escapar por completo de la profunda impresión temprana ejercida por su familia y su cultura. Es inevitable una especie de pensar como el grupo y de parecerse al grupo siempre que personas se reúnen como grupo por algún tiempo.

Sin embargo, los cristianos no son más cortados a la medida en cuanto a la apariencia, el comportamiento y los gustos que lo que son los motociclistas, los miembros de la policía o los políticos. Bajo esa apariencia exterior de ser parecidos yacen grandes diferencias.

Diversidad

Aunque el ser humano comparte con los demás la misma temperatura corporal promedio, no hay dos que tengan las huellas digitales ni el carácter ni las opiniones idénticas. Lo que es verdaderamente asombroso es que, si vamos más allá de la apariencia exterior, encontramos que los cristianos, más que ser marcadamente parecidos, son en realidad marcadamente diferentes. Tan diferentes que uno se pregunta a veces cómo es que logran adorar en la misma congregación y pertenecer a la misma denominación. Claro está, la realidad es que con frecuencia no lo logran. Las disputas llegan a ser tan rencorosas que terminan por rumbos separados. El hecho mismo de que actualmente hay más de 33,000 denominaciones, sectas y cultos cristianos en el mundo lo atestigua. Aun dentro de alguna denominación o alguna congregación local la diversidad de opiniones tanto teológicas como políticas es en realidad asombrosa.

No tenemos que ir más allá del grupo íntimo de los discípulos de Jesús para ver la plena demostración de la diversidad. Es cierto que tenían ciertas cosas en común: todos eran judíos, ninguno era de la clase superior o sacerdotal, y cada

Todos los Cristianos Son Iguales

uno lo había dejado todo para seguir a Jesús. Sin embargo, entre ellos estaba Pedro, ese hombre de buen corazón que siempre se hallaba en camisón de once varas; Andrés, el tan callado hermano menor; Jacobo y Juan, los hermanos cascarrabias apodados "los hijos del trueno" (Marcos 3:17); Mateo, el despreciado colector de impuestos; Simón, el patriota agitador; Felipe, el escéptico que lo cuestionaba todo; Tomás, el que dudaba; y Judas, el miserable tesorero.

Un discípulo lo traicionó, otro lo negó, y todos lo abandonaron en la hora de su mayor prueba. Si la gente está buscando evidencias claras del poder de Dios en el Nuevo Testamento, todo lo que tienen que hacer es contemplar lo que Dios pudo hacer con esos hombres con tan poco potencial evidente.

Las cosas no mejoraron mucho después de Pentecostés. Los vientos del Espíritu y las lenguas de fuego a penas se habían disipado cuando "hubo murmuración de los griegos contra los hebreos, que las viudas de aquellos eran desatendidas en la distribución diaria" (Hechos 6:1). Aunque hubo por lo menos 16 naciones representadas entre los creyentes del Día de Pentecostés (2:8-11), pronto se alinearon en dos partidos principales según viejas divisiones raciales.

Más tarde, la predicación de Pablo acerca de un evangelio de la gracia que libraba de la obligación de guardar los pormenores de la ley judaica precipitó tal crisis que hubo que convocar el primer concilio ecuménico de la iglesia (Hechos 15:1-29). Uno se pregunta qué hubiera ocurrido con el cristianismo si el concilio hubiera votado en contra de aceptar a los creyentes gentiles a menos que se acogieran a la totalidad de la ley y de los rituales mosaicos.

Poco después del Concilio de Jerusalén, Pablo tuvo desacuerdos tan fuertes con Bernabé sobre si debían llevar consigo a Juan Marcos (el primer misionero desertor) en su segundo viaje misionero, que los dos decidieron que cada cual se fuera por su propio camino (vv.36-41). Más tarde Pablo tuvo una agria confrontación con Pedro delante de los creyentes de Antioquía por causa de su hipocresía en separarse de los cristianos gentiles y negarse a comer con ellos debido a cómo les parecía tal cosa a ciertos hermanos judíos (Gálatas 2:11-14). Aun una lectura somera de las cartas de Pablo nos muestra que la iglesia primitiva era una multitud muy diversa.

Diversidad Unida

Cualquier presuposición acerca de que los cristianos estemos de acuerdo en todos los puntos es, cuando más, ingenua, y cuando menos, divisiva. Sin embargo, sí hay asuntos acerca de los cuales tenemos que estar de acuerdo. Hay un aspecto universal del cristianismo que encuentra expresión específica dentro de nuestras variadas culturas. Como escribió el apóstol Pablo, hay "un solo cuerpo y un solo Espíritu, como fuisteis llamados en una sola esperanza de vuestra vocación; un solo Señor, una sola fe, un solo bautismo, un solo Dios y Padre de todos, el cual es sobre todos y por todos y en todos" (Efesios 4:4-6).

¿No debería esto demandar un plan unido de acción y de expresión? Sí y no. Efesios 4 nos provee unidad en cuanto a las cosas esenciales de la fe. Hay ciertas creencias que tienen que ser acogidas por todos aquellos que se llaman cristianos. Pero las divergencias en la fe se hacen aparentes cuando tratamos de vivir de acuerdo a estas cosas esenciales. Todos tenemos que tener el mismo fundamento que describió Pablo en los versículos 4 al 6. Sin embargo, como continúa diciendo el Apóstol, "a cada uno de nosotros fue dada la gracia conforme a la medida del don de Cristo" (v. 7). Aquí está revelada una de las grandes paradojas de la fe cristiana: la unidad por medio de la diversidad. El reino de Dios está compuesto de habitantes que expresan identidades únicas e individuales a la vez que se comprometen con una porción de la gran totalidad, lo cual resulta en la unidad. Así que, aunque tenemos que asirnos a los dogmas que le sirven de fundamento a la fe, se nos ha dado la libertad de expresar esa fe de maneras diferentes.

Esa concesión de diversidad en la expresión es lo que Dios desea, ya que Él no creó un mundo de clones. Su creación tiene diversidad, y también su reino. Esto ha sido evidente desde el principio.

Tenemos que confrontar el hecho de que ninguno de nosotros ve las cosas exactamente igual que los demás. Poco después que nuestro hijo mayor y su esposa se casaran, los llevamos en un viaje para ver el panorama. Nos detuvimos por el camino para que Dean sacara una foto de una gran manada de alces. Su esposa Cheryl le pidió que le prestara la cámara para poder sacarle una foto a él reclinado contra el cerco, con los alces en el trasfondo.

"No puedo hacer que la cámara enfoque el lente," se quejó ella.

"Solo ponla en automático y aprieta," contestó él.

"Todavía estaba desenfocada," dijo ella al volver a subirse al automóvil. "Algo le pasa a esta cámara".

A los pocos minutos la oí susurrar, "¡Ay! Olvidé que no tenía puestos mis lentes de contacto".

Cada uno de nosotros lee la Biblia, piensa acerca de Dios, y lo observa todo a través de un juego particular de lentes. Lo que asombra verdaderamente acerca de la iglesia es que una suma tan diferente de personas (venida de tantos trasfondos variados y que traen a la mesa ideas y opiniones tan ampliamente diversas) pueda de alguna manera hallar unidad. Y sin embargo, la iglesia en Corinto (divisiva, inmoral e inmadura) tenía tanta vitalidad que Pablo podía hablar de los creyentes como "los santificados en Cristo Jesús, llamados a ser santos" (1 Corintios 1:2). A pesar de sus numerosos problemas, pudo decirles: "Habéis sido enriquecidos en todo

… nada os falta en ningún don … (vv. 5, 7). Es irónico que la iglesia primitiva, resquebrajada por dentro por las herejías y sacudida por fuera por la persecución intensa, exhibiera una vitalidad espiritual tan dinámica y un crecimiento tan rápido que en menos de tres siglos conquistara a Roma sin levantar una sola espada.

Una Persona en Búsqueda

Pocos han alcanzado la madurez con más conceptos torcidos y erróneos respecto a Dios y la Iglesia que Kathleen Norris. Huyó de Lemmon, South Dakota cuando tenía 18 años tratando de escapar del ambiente cultural y religioso en el que había sido criada. Después de casi 20 años vagando en el desierto ateo y hedonista de la sociedad literaria de Nueva York, se mudó de nuevo a su hogar en busca de sus raíces geográficas y espirituales.

En sus dos libros de mayor venta, *Dakota: A Spiritual Geography* (Dakota: Una geografía espiritual) y *Amazing Grace* (Sublime gracia), Kathleen relata la historia de su largo viaje de reaproximación al cristianismo.

Era una mañana de amargo frío y viento de enero el día en que se unió a la pequeña iglesia del pueblo en donde por sesenta años su abuela materna había sido miembro leal y maestra de Biblia muy querida. Sintió escalofríos al oír a un anciano que ella nunca había apreciado mucho murmurar las palabras, "Quisiera darle la bienvenida al cuerpo de Cristo,". De repente, de una manera nueva, su mundo le parecía más grande y más amplio.[1]

Pero todavía le molestaba ver los pleitos y la pequeñez de espíritu de muchos. Con el tiempo, sin embargo, Kathleen empezó a ver que la iglesia cristiana siempre ha padecido divisiones y herejías, pero que aun así ha permanecido considerablemente enérgica. Lentamente llegó a darse cuenta de que las cosas que en la superficie parecían ser irritabilidad y

Todos los Cristianos Son Iguales

falta de madurez de parte de muchos, eran en realidad gritos desesperados por ayuda y comprensión. Uno de sus pastores le recordó que vamos a la iglesia para provecho de los demás, porque es posible que alguien nos necesite. Empezó a ver que no importara cómo se sentía en un domingo dado, era posible que le hiciera bien a alguna persona ver su rostro o gozar de una conversación tomando café. Alguien podía estar pasando por dificultades, y quizá su palabra de ánimo iba a ser exactamente lo que necesitaba para levantarla y sostenerla a través de la prueba.

No fue hasta que Kathleen dejó de juzgar a la iglesia por cómo le ministraba a *ella,* y comenzó a buscar oportunidades de ministrar a los *demás,* que la iglesia cobró vida para ella.[2] Empezó a anticipar el ir a la iglesia por las oportunidades que le ofrecía de tocar la vida de las personas. Desde entonces, ha llegado a ser no solo una predicadora laica en la iglesia de su abuelita, sino que también se le solicita mucho como conferenciante en todo el país. El capellán de nuestra universidad se puso en contacto con ella para invitarla a venir al plantel universitario, pero se enteró de que ya tiene lleno el calendario por los próximos cinco años.

Eso es precisamente lo que Jesús nos estaba tratando de enseñar cuando les dijo a sus discípulos " … El que quiera hacerse grande entre vosotros, será vuestro servidor; y el que de vosotros quiera ser el primero, será siervo de todos, porque el Hijo del hombre no vino para ser servido, sino para servir y para dar su vida en rescate por todos" (Marcos 10:43-45). Pocos han declarado con mayor elocuencia que Juan Wesley esa "ética del amor", el único cimiento perdurable para la unidad en medio de la diversidad:

> Es bueno que ustedes sean totalmente sensibles a esto: El cielo de los cielos es el amor. No hay nada que sea más elevado en la religión: en efecto, no hay nada más; si buscan algo más que el amor,

erran malamente el blanco, se extravían del camino real; y cuando les pregunten a otros, "¿Han recibido ustedes esta o aquella bendición?", si quieren decir alguna otra cosa que no sea más amor, dicen lo incorrecto; los están apartando de la senda y poniéndolos a oler un falso olor. Fíjenlo, entonces, en sus corazones, que desde el momento en que Dios los ha salvado de todo pecado, ustedes no aspirarán a nada menos que a más de ese amor que se describe en el capítulo 13 de 1 Corintios. Ustedes no podrán ascender más alto previo al momento de ser conducidos al seno de Abraham.[3]

Y Finalmente ...

Quizá nos inclinemos todavía a decir, "Todos los cristianos son iguales". Y si con eso queremos decir que todos hemos sido perdonados del pecado y hemos sido declarados justos delante de Dios; si queremos decir que tenemos el Espíritu Santo morando en nosotros y que somos herederos del reino y coherederos con Cristo; si queremos decir que tenemos la esperanza de la eternidad y una paz que excede a todo entendimiento humano, entonces decimos lo correcto.

Sin embargo, si extendemos esa generalización para excluir lo peculiarmente único de la creación de Dios, de las personas y de sus expresiones dentro de este mundo, estamos en lo incorrecto. Hemos tergiversado la fe. No todos los cristianos son iguales. Ese hecho puede causar fricción entre nosotros, pero también puede exponernos a esa rica diversidad que anima y capacita al pueblo de Dios.

Acerca de los autores: El Dr. Cowles es profesor de religión en Point Loma Nazarene University, en San Diego, California. El reverendo Mark A. Holmes, quien también contribuyó a este artículo, es el pastor titular de Darrow Road Wesleyan Church, en Superior, Wisconsin.

concepto erróneo común
número 8

Como lo oímos fuera de la iglesia: "El cristianismo es una religión para la gente débil".

Como lo oímos dentro de la iglesia: "Los buenos cristianos son mansos y siempre vuelven la otra mejilla".

Trasfondo bíblico: Mateo 5:5; 18:3; 20:26; Lucas 22:27; Juan 19:10-11; 1 Corintios 1:26-27; 2 Corintios 12:7-9; Gálatas 5:22-23; Efesios 1:18-20; Filipenses 2:6-8

CAPÍTULO 8

Los Cristianos Son Unos Enclenques
por Jesse C. Middendorf

"Pastor," me dijo con una mirada feroz, "no me moleste con esas cosas. ¡Yo no necesito 'la muleta de la religión'!" Con eso dio la vuelta y se marchó.

El gran jefe de los medios comunicativos se paró ante las cámaras con una mueca soberbia. "Yo no necesito el dios de nadie. Yo soy mi propio dios".

"¿La religión? ¿El cristianismo? ¿Quién los necesita?" preguntó un estudiante de la escuela secundaria.

"La religión es el opio del pueblo," dijo Karl Marx.

"La religión organizada es un fraude, y una muleta para la gente mentalmente débil que necesita a los miembros del grupo para sentirse fuerte," declaró un profesional de la lucha libre que llegó a ser gobernador de uno de los estados de Estados Unidos.

No sería mayor problema si esos comentarios fueran excepciones aisladas dentro de las conversaciones de la cultura en general. Pero el secularismo creciente de la cultura de Norteamérica hace que declaraciones como esas sean más la norma de lo que quisieran reconocer muchos cristianos.

La cultura escucha las expresiones que los cristianos aprenden del Señor Jesús, y la caricatura es reforzada. "Los mansos … recibirán la tierra por heredad" (Mateo 5:5). "El que quiera hacerse grande entre vosotros será vuestro servidor" (20:26). " … Os digo que si no os volvéis y os hacéis como niños, no entraréis en el reino de los cielos" (18:3). " … Yo estoy entre vosotros como el que sirve" (Lucas 22:27).

Estas expresiones se oyen aun en nuestras sesiones de capacitación de liderazgo. Aludimos a los "siervos líderes". Una de las metáforas controladoras que usamos es la de la palangana y la toalla, simbolizando el ejemplo de Jesús, quien se inclinó ante sus discípulos para lavarles los pies.

¿Adónde, pues, conduce esto? Al fin y al cabo, ¿no dijo Jesús que cuando nos den la bofetada volvamos la otra mejilla? ¿Que no debemos resistir al que quiere algo prestado de nosotros? ¿Y que si se nos obliga a llevar las armas de un soldado por una milla, debemos llevarlas voluntariamente dos?

Si el cristianismo ha de ganar el mundo, ¿cómo podrá lograrlo con una mano atada a la espalda?

"Soy el forjador de mi destino; soy el capitán de mi alma," escribió el poeta William Ernest Henley. Y la cultura popular grita un "¡Sí!" fuerte y resonante. Dice, "No necesitamos la muleta de la religión, la humildad debilitante y servil que demanda que bajemos la cabeza avergonzados por nuestra naturaleza humana. ¡Que viva el movimiento en pro del potencial humano!" Y prosiguen insistiendo, "¡Vamos a rechazar a ese Jesús manso y humilde, y optar por una figura más robusta y rigurosa, una que pueda desafiar a nuestro ser más profundo, que nos llame a apreciar nuestras capacidades innatas, nuestras fortalezas únicas, y nuestro espíritu indómito!"

Quizá los cristianos se sienten mejor cuando se presenta la imagen de gracia y coordinación de un atleta dotado y guapo que, al lograr la anotación ganadora, levanta en alto su mano, y con un dedo señalando al cielo grita con religioso celo, "¡Gracias, Cristo!" Ahí no hay flaquezas. "¡Derrotamos a los otros porque Cristo oyó nuestra oración!" "¡Dios ama al que vence!" "¡No cedan a la debilidad! ¡Sean fuertes en el Señor!" "Poder, ¡ese es el enfoque!"

¿O preferimos la imagen del empresario trabajador que, por sacrificar su tiempo y sus energías para levantar un negocio de éxito, testifica que Dios honra a los fuertes y arrojados? "¡Dios ayuda a los que se ayudan!" "¡Dirige, sigue, o quítate del medio!" "¡Fuerza: ahí está la clave!"

En un mundo intoxicado por el poder y enamorado de la fuerza, ¿qué esperanza hay para el mensaje cristiano? ¿Cómo puede competir ese mensaje en la plaza de mercado de las creencias y las ideas cuando las imágenes y las metáforas del cristianismo parecen estar desconectadas?

El Contexto de Corinto

La iglesia en la ciudad de Corinto del Primer Siglo era una mezcla rara. Aunque no sabemos exactamente la composición sociológica y demográfica de los creyentes allí, sí tenemos indicios de que la congregación se componía de los de abajo y los nobles, y de los poderosos y los débiles (1 Corintios 1:26). Los esclavos y sus amos adoraban juntos, y la intranquila congregación se hallaba luchando con la manera en que un Mesías crucificado y resucitado podría proveer una base para la coexistencia pacífica en un contexto de tan amplia diversidad.

En medio de las ideas y las perspectivas que formaban parte de esa iglesia en conflicto, el apóstol Pablo dio a conocer una revelación asombrosa acerca de la majestad de la gracia de Dios. "Considerad, pues, hermanos, vuestra vocación y ved que no hay muchos sabios según la carne, ni muchos poderosos, ni muchos nobles; sino que lo necio del mundo escogió Dios para avergonzar a los sabios; y lo débil del mundo escogió Dios para avergonzar a lo fuerte" (vv.26-27).

Cualesquiera que sean las medidas humanas de valor e importancia, Pablo aquí señala que Dios las ha desacreditado al subvertir sus pervertidas perspectivas.

El Contexto Cristiano

Siempre que tratemos asuntos de fortalezas y debilidades en el contexto de la vida cristiana es fácil permitir que nuestros conceptos sean definidos por una visión secular del mundo, la cual fracasa en tomar nota de la naturaleza de la fuerza como la define la perspectiva cristiana, o se rehúsa hacerlo.

A través de toda la Biblia, sin embargo, encontramos una manera diferente de entender el poder. Las expectaciones del orden natural (que la fuerza determina el bien, que los que son físicamente fuertes siempre prevalecen, que la debilidad y la vulnerabilidad son sospechosas y sin valor), todas quedan puestas al revés.

Aunque, en cierto nivel, la historia de David y Goliat es una historia encantadora para niños que nos deleita contar, en otro nivel pasamos por alto lo significativo que son tales historias para un mundo adulto en donde los oponentes están más próximos y son más amenazantes. Con menos disposición, abrazamos la creencia de que nuestra debilidad es una oportunidad para que Dios obre. Queremos estar seguros de que estamos armados hasta los dientes en caso de que nos encontremos en una lucha en donde podamos salir perdiendo.

Los Cristianos Son Unos Enclenques 83

Pero, ¿qué quiso decir Jesús cuando señaló, "Bienaventurados los mansos"? ¿Estaba poniéndole un alto valor a la flaqueza humana? ¿Esperaba Él en realidad que nosotros viviéramos en un mundo amenazante, habiendo rendido nuestras armas de defensa e incrementado nuestras vulnerabilidades?

La Naturaleza de Nuestra Fortaleza

Aunque utilizamos palabras como "poder" y "fuerza" como si hubiera un entendimiento común en cuanto a su significado, la Biblia revela que un profundo y diferente tipo de poder está obrando en la vida del creyente.

En cierto nivel, reconocemos que la fuerza física y la destreza mental son habilidades naturales. Ser humano es, de por sí, un don de Dios, y no hay persona que no sea capaz de ejercer capacidades naturales que resultan asombrosas cuando se examinan con cuidado y objetivamente. Ello es el resultado de la bondadosa creación de Dios. Aunque hay excepciones evidentes que quebrantan el corazón a causa de los defectos o las enfermedades, la gran mayoría de la humanidad es capaz de prodigios asombrosos de fuerza e inteligencia, especialmente en comparación a otras criaturas y formas vivientes.

Y cuando se trata simplemente de la fuerza de la voluntad, o de la pericia física, o de la habilidad mental, parece que sí prevalecen los fuertes, que sí dominan los inteligentes, y que sí sojuzgan los de voluntad recia.

Pero la Biblia se atreve a sugerir que hay un dominio al cual tendrá que someterse en última instancia toda la creación, y en el que la fuerza es de otra clase. Esa fuerza es espiritual. Tiene su origen en Dios. No es ni separada ni distinta de la esfera física, sino que es la realidad subyacente que le da sentido y sustancia a lo tangible, a lo real.

Cuando Jesús compareció ante Pilato en el lugar del juicio, se le hacía difícil comprender a ese preso tan silenciosamente fuerte y objeto de tanto odio de parte de los judíos. Inseguro de cómo interpretar los cargos de los líderes religiosos, y turbado por el aspecto calmado y silencioso de su preso, Pilato retó a Jesús diciéndole, "¿No sabes que tengo autoridad para crucificarte y autoridad para soltarte?" (Juan 19:10).

La respuesta de Jesús detuvo atónito a Pilato. "Ninguna autoridad tendrías contra mí si no te fuera dada de arriba" (v. 11). En ese momento Jesús relativizó toda forma de poder terrenal y humano. O éste encuentra su significado en relación a su fuente, o se corrompe y en última instancia es derrotado.

La Medida de Nuestro Poder

"Conocimiento es poder," dicen los historiadores y los educadores del mundo. Según la medida humana, la historia ha comprobado el valor de esa declaración. La pluma es ciertamente más poderosa que la espada, como dijo Cervantes. Las proezas asombrosas de logros y progresos humanos hechos posibles por la investigación humana, son autoevidentes. Y la capacidad de comunicar el conocimiento a las masas por los medios innumerables de comunicación disponibles hace posible la diseminación del conocimiento hasta los rincones más remotos del globo.

La historia reciente ha indicado que una vez que se le concede a la gente el acceso al conocimiento, ocurren revoluciones. Y de hecho, con demasiada frecuencia, "El poder determina el bien". El poder militar y los sistemas políticos reprimen a los pueblos, obligándolos a la servidumbre y causándoles estragos al reducir a escombros los pueblos y las aldeas con cohetes y bombas.

Medimos el potencial explosivo de las bombas en megatones, y el impulso de los cohetes en decenas de miles de libras. Vemos demostrada la potencia en la construcción de gigantescos rascacielos en nuestras ciudades a través del mundo. Y sin embargo, todas las medidas humanas y

Los Cristianos Son Unos Enclenques

científicas del poder se han comprobado desgraciadamente inadecuadas ante la enfermedad, los desastres naturales y la muerte.

El apóstol Pablo, escribiendo a la iglesia en Éfeso, habló de una medida de poder que excede toda capacidad y medida humana. Él oró pidiendo que los cristianos efesios llegaran a saber "cuál es la esperanza" a la cual fueron llamados en Cristo, "cuáles las riquezas de la gloria de su herencia en los santos", y que llegaran a saber cuál es "la extraordinaria grandeza de su poder para con nosotros los que creemos" (1:18-19).

En una afirmación asombrosa, Pablo declaró que el poder que él anhelaba que los cristianos efesios conocieran y experimentara era " … su fuerza poderosa. Esta fuerza operó en Cristo, resucitándolo de los muertos" (vv. 19-20). Con frecuencia los cristianos no logramos comprender las implicaciones profundas de esa plegaria. ¡Pablo estaba simplemente diciéndonos que el mismo poder que levantó a Jesús de los muertos, es el poder que opera en la vida de nosotros los creyentes!

Los avances científicos a lo largo del siglo pasado han sido pasmosos. Las medidas de poder y fuerza han superado la imaginación humana. El aprovechamiento del átomo, el desarrollo de las tecnologías para la exploración del espacio, y los avances en la ciencia médica han excedido grandemente las expectativas humanas. Sin embargo, dados todos los avances en la tecnología, el conocimiento, el poder y la capacidad humana, todavía no hemos logrado desarrollar un poder que iguale al poder que Dios ejerció para levantar a Jesús de entre los muertos.

Para muchos creyentes, la dificultad más grande es comprender y utilizar *ese* poder. Limitado por las definiciones seculares y las medidas humanas de la fuerza, el cristiano se podría ver tentado a concebir el poder en términos de categorías finitas. Pero no hubo dudas de que Jesús rechazó los conceptos humanos de poder. Repetidas veces insistió en que sus seguidores adoptaran la actitud de siervos, que se volvieran como niños, y que siguieran el ejemplo suyo como su Maestro.

En su carta a los cristianos de Filipos, Pablo describió la actitud de Jesús así: "Él, siendo en forma de Dios, no estimó el ser igual a Dios como cosa a que aferrarse, sino que se despojó a sí mismo, tomó la forma de siervo, y se hizo semejante a los hombres. … se humilló a sí mismo, haciéndose obediente hasta la muerte" (2:6-8).

En una cultura autosuficiente, ésas son palabras duras de leer. En un mundo que valora la autoafirmación y la autopromoción, el ejemplo de Jesús parecería a nuestra vista inadecuado e indigno. Aun así, la expresión misma de la humillación llegó a ser la medida máxima de su fuerza. Por siglos, sus seguidores han encontrado que ese ejemplo es la fuente de su poder profundo y efectivo. El llamado de Jesús a la servidumbre y a la entrega propia convence como cierto, y provee una ilustración gráfica de los usos correctos del poder para el creyente.

Cuando Jesús les enseñó a sus seguidores a volver la otra mejilla, no era porque sería lo fácil, ni porque les traería aprecio o reconocimiento inmediatos. Jesús comprendía el poder de una respuesta mansa. También comprendía que la respuesta mansa no garantizaba una reacción benigna de parte de los demás. Al costo de su propia vida, demostró la vulnerabilidad de una causa justa que se persigue con intensidad firme pero que a la vez rechaza el ejercicio típico del poder. Y también les enseñó a sus seguidores a dar sus vidas, si fuera necesario, los unos por los otros.

El Objetivo de Nuestro Poder

El apóstol Pablo fue cándido en admitir su flaqueza y vulnerabilidad. Al escribir a los corintios relató su propia lucha con "un aguijón" en su carne, "un mensajero de Satanás" que lo abofeteaba (2 Corintios 12:7). Tres veces le suplicó al Señor que lo librara de esa condición o circunstancia que lo atormentaba (véase el v. 8). La respuesta a sus súplicas ha provisto una fuente de aliento para los creyentes durante dos milenios.

El Señor le dijo a Pablo, "Bástate mi gracia, porque mi poder se perfecciona en la debilidad".

"Por lo tanto," dijo Pablo, "de buena gana me gloriaré más bien en mis debilidades, *para que repose sobre mí el poder de Cristo"* (v. 9 con énfasis agregado).

La medida verdadera del poder del creyente no descansa en nuestra fuerza humana, ni en nuestra sabiduría, ni en nuestras proezas físicas. Descansa en el poder de Cristo. Y el propósito de ese poder es revelar a Cristo. Es el propósito de Dios que por medio del poder del Espíritu Santo, por medio del poder del Cristo resucitado, nuestras vidas lleguen a ser la avenida por la cual otros sean conducidos a una relación con Él.

El propósito del poder de Dios en nosotros no es la simple demostración de pureza personal. Su presencia purificadora es una realidad que podemos desear y que legítimamente podemos buscar. Pero no es el único fin para el cual Él quiere que experimentemos su poder. Más bien, Él desea que el poder que obra en nosotros sea ejercido en esfuerzos redentores, en ministerios compasivos, y en relaciones que reflejen las prioridades y los valores que definieron a Jesús mientras ministraba con sus seguidores en la tierra.

El poder del creyente se demuestra en "el fruto del Espíritu … amor, gozo, paz, paciencia, benignidad, bondad, fe, mansedumbre, templanza" (Gálatas 5:22-23). Esas son expresiones que describen relaciones personales. Son los medios por los cuales ejercemos el poder del Espíritu Santo en el ir y venir del hogar, del empleo, del vecindario y de la iglesia. Y no son ni simples adornos de escaparates, ni las simples dimensiones de una personalidad agradable, ni el resultado de una disciplina esmerada. Son la demostración del Espíritu Santo. No llegan crecidos ni maduros, sino que tendrán que cultivarse y nutrirse hasta la madurez, y frecuentemente bajo presiones y en circunstancias difíciles. Son demostraciones de poder en la vida del creyente, no habilidades naturales. Hay quienes, por causa de su carácter natural, encuentran más fácil madurar esos frutos que otras personas; pero aun ellos requerirán el poder de Dios para encontrar su expresión más plena y más efectiva.

Y el propósito es que nuestras relaciones con nuestro prójimo puedan ser redentoras.

¿Son Enclenques los Cristianos?

Trate usted de vivir el fruto del Espíritu por su cuenta. Trate de vivir el Sermón del Monte en el ir y venir de la vida cotidiana. Trate de enfrentar las duras críticas que la cultura secular dirige contra los que se atreven a vivir su fe en la plaza o en el ayuntamiento.

Y trate de conducir a alguien a creer en Cristo por su propio poder y sabiduría. Se oirá como necedad, y como la fuerte cacofonía de címbalos que retiñen.

Sin embargo, fortalecida por el Espíritu Santo, la "necedad" del mensaje asume la dinámica de la resurrección, y gente que usted nunca creyó que podían cambiar, se convierten en demostraciones vivientes de la misericordia y de la gracia.

¿Enclenques? ¡Absolutamente no! ¿Débiles? ¡Decididamente sí! Pero en posesión de un poder que hace que los que son menos, y los inútiles, se vuelvan instrumentos irrefrenables en las manos de Dios.

Acerca del autor: El Dr. Jesse C. Middendorf sirve como Superintendente General de la Iglesia del Nazareno.

concepto erróneo común
número 9

Como lo oímos fuera de la iglesia: "La iglesia está llena de hipócritas".

Como lo oímos dentro de la iglesia: "En la iglesia nuestra no hay hipócritas".

Trasfondo bíblico: Mateo 5:48; 6; 7:3-5, 14; 12:35-37; 23:13, 15, 23, 25, 27, 29; Juan 8:32; 17:17; Romanos 2:15; 7:21-23; 1 Corintios 7:5; Filipenses 2:12

CAPÍTULO 9

La Hipocresía: Madre de Todos los Vicios

por Gerard Reed

Hace un siglo, Mark Twain charlaba con un insensible hombre de negocios, uno de los famosos capitalistas enriquecidos por la explotación los cuales reinaban como señores feudales sobre la Edad Dorada. El hombre era reconocido por todas partes por su asistencia semanal a la iglesia, y por las donaciones públicas que hacía a muchos esfuerzos cristianos. Pero también era conocido por sus tácticas empresariales basadas en la idea de que "el poder tiene la razón", y por devorar a sus competidores por cualquier medio necesario según él iba acumulando caudal.

Mientras conversaba con Twain, trató de impresionar al escritor proclamando piadosamente, "Antes de morir pienso hacer un peregrinaje a la Tierra Santa. Voy a ascender al Monte de Sinaí y en la cumbre voy a leer los Diez Mandamientos".

Twain le respondió, "Tengo una mejor idea. Usted podría quedarse aquí en Boston y guardarlos".[1]

Hablemos la Verdad

De acuerdo con otro dicho antiguo, Twain sin duda vio que el capitalista ilustraba aquella verdad de que "la hipocresía es el homenaje que el vicio le rinde a la virtud". Y sin embargo, junto a Twain, la mayoría de nosotros censura la hipocresía. De los demás, especialmente, demandamos que se hable la verdad: "¡Di lo que pretendes! ¡Pretende lo que dices!" "¡Vive lo que profesas!" "¡Deja de pretender lo que no eres!" "¡Evita la hipocresía!"

Hace cincuenta años, Maury Maverick, un diputado del estado de Tejas que hablaba sin rodeos, forjó el término en inglés "gobbledygook", etiquetando así de manera efectiva ese lenguaje mistificador tan rutinariamente evidente en las comunicaciones burocráticas y en los manifiestos políticos diseñados para dejarnos perplejos. Explicaba que quizá empleaba ese término pensando en el viejo pavo barbado que siempre se paseaba glugluteando con pomposidad, y que al final de su glugluteo acababa con "gook". Contra tales pretensiones, contra todas las perversiones de nuestro idioma, Maverick protestaba diciendo, "El lenguaje de un hombre es una parte sumamente importante de su conducta. Debería de considerársele moralmente responsable por sus palabras, al igual que se le requiere dar cuentas por sus demás actos".[2]

La mayoría de nosotros, junto al diputado tejano, estamos de acuerdo con Homero, quien declaró en *La Ilíada*: "Detesto al hombre que oculta una cosa en lo profundo de su corazón, mas declara otra". Con igual inexorabilidad Jesús dijo: "El hombre bueno, del buen tesoro del corazón saca buenas cosas, y el hombre malo, del mal tesoro saca malas cosas. Pero yo os digo que toda palabra ociosa que hablen los hombres, de ella darán cuenta en el día del juicio, pues por tus

La Hipocresía: Madre de Todos los Vicios

palabras serás justificado y por tus palabras serás condenado" (Mateo 12:35-37).

Los pensadores seculares, como el diputado Maverick, nos recuerdan que la hipocresía no es un vicio que se limita únicamente a los cristianos. Que la verdad sea dicha: la hipocresía se entreteje por toda la historia humana con sus cualidades sutiles y sus distorsiones de "tinta invisible". Invade las aulas de clase de los profesores de las universidades de prestigio al igual que los estudios de los evangelistas de televisión. Subvierte las instituciones de cuidados de salud tan fácilmente como las eclesiásticas. Desde que Adán y Eva trataron de evadir la verdad ocultando la evidencia de su desobediencia en el Edén, sus descendientes se han involucrado en conversaciones y en comportamientos taimados y engañosos.

Fue por eso que Jesús reprendió la hipocresía de los escribas y los fariseos (los líderes religiosos del primer siglo en Palestina). La agudeza de su denuncia, la claridad punzante de sus palabras, demuestran hasta qué punto odiaba Él las palabras fingidas y las acciones engañosas. En Mateo 6 les encargó a sus seguidores que evitaran la hipocresía de hacer una función pública de las oraciones, del ayuno, y del dar limosnas. En Mateo 23, el capítulo de ese Evangelio que contiene la mayor parte de la crítica que hizo Jesús en contra de la hipocresía, se repite seis veces, "Pero, ¡ay de vosotros, escribas y fariseos, hipócritas!" (vv. 13, 15, 23, 25, 27, 29). Jesús condenó la práctica, demasiado común en su época, de hablar religiosamente con doblez, de hablar de una manera y portarse de otra. Buscar los sitios de mayor preeminencia en las funciones de la sinagoga a la vez que se maltrata a las viudas y a los huérfanos, hacer una función pública del pagar el diezmo de cosas insignificantes a la vez que se trata con injusticia al prójimo, deja a uno aparentemente justo de por fuera pero podrido por dentro.

La Madre de Todos los Vicios

James S. Spiegel clarifica la seriedad del asunto. La hipocresía, declara él, es "la madre de todos los vicios".[3] Como un coágulo de sangre que entra en la aorta, la hipocresía yace en el mismísimo corazón del fracaso moral. Spiegel subraya lo que declaró la filósofa judía, Hannah Arendt, en el sentido de que "es creíble asumir que la hipocresía es el vicio de los vicios", y que "el hipócrita en realidad está podrido hasta la médula", por cuanto niega deliberadamente la verdad de su esencia interior.[4]

El término "hipocresía" viene del griego *hypocrisis*, que quiere decir "desempeñar un papel dramático". Actuar en la televisión o el pavonearse en el escenario de un teatro tiene poco que ver con vivir la vida real. Así que la "hipocresía" quiere decir hacer un papel o repetir las palabras de un guión que poco tienen que ver con el yo real. El escritor clásico de tragedias griegas, Eurípides, lo vio claramente en el año 420 a.C. Escribió, en el drama *Electra:* "No son pocas las veces que una cara noble esconde maneras de ser asquerosas". Platón, en *La República,* en el año 360 a. C., también describiendo algunas características de la persona injusta, notó que él o ella "debe actuar como lo hacen los astutos", apareciendo "ser justo sin serlo".

Tomás de Aquino, cerca de 1265 d.C., combinando definiciones griegas con la teología cristiana, condenó la hipocresía como un tipo de "disimulo" por medio del cual se miente deliberadamente con acciones engañosas. Tal "disimulo" es fatal porque subvierte sutilmente "la verdad misma," es decir, la integridad fundamental que se necesita para la rectitud. La hipocresía, según Aquino, es un vicio engañoso y serpentino, porque pretende mezclar el pecado y la santidad (la falta de santidad y la apariencia de santidad), como si se tallara el busto de una persona justa con material podrido.

No Todo Es Hipocresía

Así pues, si se define correctamente, la hipocresía nunca deberá confundirse con las inconsistencias irritantes que quizá, a primera vista, parezcan ilustrarla. Con un vicio tan serio a considerar, debemos pesar nuestras palabras con el mismo cuidado que el ensayador pesa el oro o la plata. Con el uso de la Biblia y la razón, podemos poner un cercado de alambre de púas alrededor del vicio de la hipocresía. Es importante notar que hay una diferencia claramente discernible entre las palabras griegas *hypocrisis* y *akrasia*. La primera indica un proceder engañoso deliberado y con intención maliciosa, mientras que la otra señala una debilidad moral, una falta de reciedumbre en cuanto a la disciplina de sí mismo, lo cual no siempre se puede evitar. Es posible que prometamos más de lo que podemos cumplir, como cuando le aseguramos a alguien que "siempre estamos a la orden", pero eso no es hipocresía. Podemos fácilmente profesar, en un momento de exagerada confianza, más de lo que en realidad podemos llevar a cabo, pero eso tampoco es hipocresía. El vocablo griego *akrasia*, que se traduce (en 1 Corintios 7:5) como falta de "continencia", indica que fallamos con frecuencia, no porque seamos falsos, sino porque nos falta la fuerza de carácter para vivir como sabemos que debemos hacerlo.

Los pecados de flaqueza (*akrasia*) resultan del ceder a nuestros apetitos físicos, a nuestros deseos no racionales. Es como deslizarse, como cuando se corre en un trineo, en un comportamiento que racionalmente uno no aprobaría, pero que en ese momento no lo puede controlar. Algunos deseos físicos (como cuando nos servimos "solamente un pedacito más del chocolate") simplemente abruman nuestro "mejor" ser razonable. La mejor de nuestras buenas intenciones, las más elevadas de nuestras resoluciones para el Año Nuevo, se nos despistan fácilmente cuando somos abrumados por los deseos de gozar algún placer especial. Así Aristóteles (384-322 a.C.), en su *Ética,* llamó "incontinente" a la persona afligida por la *akrasia,* la que no puede controlarse, la que a sabiendas hace lo incorrecto pero "lo hace como resultado de la pasión; mientras que la persona continente [la que se controla], reconociendo que sus apetitos son malos, por causa del principio racional se niega a saciarlos".

Esa, parece claro, es también la posición bíblica, y es confirmada por la experiencia humana. Nos encontramos frecuentemente con personas que se portan en contra de su mejor juicio, ilustrando el poder corrosivo que tiene el pecado cuando se anida profundamente en el alma. Pero a nosotros se nos anima (y realmente lo deseamos profundamente como cristianos) a ejercer el control propio sobre nuestros deseos de modo que podamos vivir una vida piadosa.

La discusión penetrante de Pablo en Romanos 7 describe perfectamente esa tensión interior natural: "Así que, queriendo yo hacer el bien, hallo esta ley: que el mal está en mí, pues según el hombre interior, me deleito en la ley de Dios; pero veo otra ley en mis miembros, que se rebela contra la ley de mi mente y que me lleva cautivo a la ley del pecado que está en mis miembros" (vv.21-23).

Eso es lo que llamamos con frecuencia "el pecado original", es decir, "la inclinación hacia la maldad", que es la característica que plaga a nuestra especie humana y que demanda la obra purificadora del Espíritu Santo. Sin embargo, la mayoría de nuestros pecados actuales (los pecados que cometemos deliberada y personalmente) son ejemplos de *akrasia* y no de *hypocrisis*.

Superemos la Hipocresía

Así, cuando se nos acuse a nosotros los cristianos de hipocresía, como ocurre con frecuencia, antes de responder

La Hipocresía: Madre de Todos los Vicios

debemos filtrar resueltamente los cargos que no tengan base alguna. Hay una grande diferencia entre el pecado y la hipocresía. La iglesia, por supuesto, es un lugar en donde los pecadores pueden encontrar la salvación. Por tanto, los cristianos les dan la bienvenida a los pecadores para que se les unan en asistir a la iglesia, se arrepientan y busquen perdón, y también luchen con su pecado sin ser rechazados por haber fracasado. Además, muchas veces, es difícil vivir como los cristianos deben vivir idealmente. Es más fácil ponernos una pulsera que diga, "¿Qué haría Jesús?", que seguir su ejemplo cotidianamente. Nosotros, los que seguimos a Jesús, erguimos la bandera de los más altos ideales: "ser perfectos" como Dios es perfecto (Mateo 5:48). Sin embargo, al poner los pies sobre la tierra, la verdad es que a menudo, y en más de una manera, no alcanzamos nuestra meta.

Irónicamente, las personas que acusan a los cristianos de ser hipócritas, adquieren sus ideas acerca de la perfección moral de las enseñanzas cristianas mismas. Si los estándares no fueran tan altos, sería más difícil criticar a los fieles por no dar la medida. Si estuviéramos tratando de seguir a un Señor menos que perfecto (tal vez a un líder con carisma, como Pedro, pero quien tenía faltas muy notables), tendríamos menos dificultades en ser exitosos. Pero el pecado, por sus muchas facetas y por su atractivo, nos previene de seguir perfectamente a un Cristo sin pecado. Satanás, mañosa y perspicazmente, nos engaña. De aquí que pecar y confesar nuestro pecado, aun los pecados más manifiestos y escandalosos, no nos enreda, de ninguna manera, en el lodazal de la hipocresía.

Sin embargo, habiendo insistido que *akrasia* difiere de *hypocrisis*, tenemos que admitir que la hipocresía siempre ha plagado a la comunidad cristiana. En parte, es algo que resulta de la perversión de una de las grandes verdades de la iglesia: que somos salvos únicamente por la gracia. A la luz de la bondad insondable de este mensaje, es fácil para algunas personas jugar a ser cristiano, es decir, no practicar lo que predican. Se refugian fácilmente en "la gracia asombrosa" de Dios, que en el caso de esas personas es asombrosa mayormente por su habilidad de esconder su errabundo estado. Por tanto, siempre habrá cierta verdad en la acusación de que la iglesia está "llena de hipócritas". La fuerza misma del evangelio, es decir, la gracia, puede torcerse para que sirva de excusa para la doblez de carácter.

Aún más, cuando los cristianos tomamos demasiado en serio lo de, "Ocupaos en vuestra salvación con temor y temblor" (Filipenses 2:12), y nos olvidamos fácilmente que hay que hacerlo con "temor y temblor", caemos en un espíritu demasiado crítico, condenando a la gente que parece ser menos comprometida, menos justa, y menos "buena" que nosotros. El Señor Jesús trató con este problema en Mateo 7:3-5, donde insistió en que nos sacáramos la viga de nuestro propio ojo antes de que tratáramos de sacar la paja del ojo de nuestro prójimo.

No obstante, es necesario que juzguemos que ciertos comportamientos son incorrectos. Podemos denunciar el pecado sin condenar a los pecadores. Jesús lo hizo rutinariamente, como se evidencia por su denuncia de la hipocresía. Ser testigos de un robo debería de conducirnos a denunciar a los criminales. Ver el racismo carcomiendo a una comunidad debería de impulsarnos a protestar. Averiguar que un representante municipal ha estado robando del caudal de los impuestos debería de provocar un "vigoroso" juicio en contra del delito del funcionario. Ver cómo pervierte la pornografía a nuestra sociedad debería de conducirnos a condenarla y a restringir a sus traficantes.

Claro que se nos ordena dejar a Dios el juzgar la condición espiritual de los demás, es decir, su estado eterno. Cuando asumimos la actitud de que "yo soy más santo que tú," cuando señalamos continuamente las flaquezas espirituales de nuestro prójimo como para destacar nuestra propia superioridad, caemos en un espíritu crítico y juzgón que merece plenamente el título de hipocresía.

Vivir Sin Hipocresía

Si se define de manera correcta, la hipocresía resulta claramente de nuestra dificultad de uncir lo que *pensamos* con lo que *decimos* y lo que *hacemos*. Necesitamos pensar con veracidad, hablar con verdad y vivir con virtud. Muchos hipócritas fallan en pensar con veracidad, en tratar honradamente con la ley de Dios, en reconocer sus reglas. Básicamente, son "amoralistas," es decir, personas que alegan que no hay normas de moralidad, librándose así de toda responsabilidad. La forma peor de hipocresía es pretender que no existen normas morales, ya que niega "la Ley escrita en sus corazones" de que habla el apóstol Pablo (Romanos 2:15).

Además, generalmente (y generosamente), los hipócritas se permiten el lujo de engañarse a sí mismos. Logran construir mecanismos defensivos complejos que les permiten evitar el confrontar la verdad. El engaño de sí mismo es preferir vivir con ilusiones, con imaginaciones y con utopías imaginarias. Si hay un tumor que crece en el estómago de alguien, la persona podría, por supuesto, no hacer caso del diagnóstico del doctor y pretender que no haya cáncer aun cuando esté carcomiéndole las entrañas. Y podemos pretender que estamos bien delante de Dios, sin hacer caso de todo lo que dice en la Biblia y la tradición, entre tanto el pecado atrofia nuestra alma.

En vista de todo esto, ¿cómo podemos vivir libres de hipocresía? El antídoto para el veneno de la hipocresía es la verdad. Jesús les dijo a sus seguidores, "Conoceréis la verdad y la verdad os hará libres" (Juan 8:32). Nosotros debemos, dijo Él, ser santificados en la verdad (Juan 17:17). Para abolir la hipocresía, debemos permitir que la luz brille en nuestro ser interior. Con gran claridad, Miguel de Cervantes urgió: "Debieras de proponerte conocerte a ti mismo, lo cual es la lección más difícil del mundo". Y Fiódor Dostoyevski dijo más o menos lo mismo en *Los Hermanos Karamazov:* "Sobre todo, no te mientas a ti mismo. La persona que se miente a sí misma y que escucha su propia mentira llega al punto de que no puede distinguir la verdad dentro de sí mismo, ni a su derredor, y por eso pierde todo el respeto de sí mismo y para con los demás. Al no tener respeto cesa de amar, y para ocuparse y distraerse sin amor se rinde a pasiones y a placeres viles, y se hunde en la bestialidad de sus vicios, todo por mentir continuamente a los demás y a sí mismo".[5]

Siempre hemos sabido, por supuesto, que el camino de la virtud, la senda de la santidad, es una senda rigurosa y estrecha (Mateo 7:14). Sin embargo, vale la pena eternamente el esfuerzo. Es una lección que con frecuencia tratamos de evadir, recurriendo a jugadas falsas y fachadas postizas. Con todo, si podemos ver y aceptar la verdad acerca de nosotros mismos, es posible vivir esa verdad.

Acerca del autor: El Dr. Reed es capellán y profesor de historia, filosofía y religión de Point Loma Nazarene University, en San Diego, California.

concepto erróneo común
número 10

Como lo oímos fuera de la iglesia: "La idea cristiana de diversión es ir a un estudio bíblico".

Como lo oímos dentro de la iglesia: "El cristianismo es un asunto serio".

Trasfondo bíblico: Génesis 17:17; 21:16; Job 41:1-34; Salmos 126:1-2; Mateo 6:16; Juan 15:10-11; 2 Corintios 5:17; Filipenses 4:4; 2 Timoteo 2:3; Santiago 1:2-3; 1 Pedro 1:8; 4:12; Judas 24

CAPÍTULO 10

La Fe y la Diversión: En Nada Son Como el Agua y el Aceite

por Jon Johnston

Hace algún tiempo estuve hablando con un estudiante universitario de Arabia Saudita acerca de su fe musulmana. Específicamente le pregunté cuándo pensaba hacer su *hajj*, la peregrinación requerida a la Meca que todo musulmán hace una vez en su vida. Con una sonrisa medio avergonzada respondió, "No hasta que yo esté bien viejo".

Curioso, le pregunté, "¿Hay alguna razón en particular para esperar tanto tiempo?"

Él respondió, "Claro que sí. En el Islam, una vez uno hace la santa peregrinación, se supone que se porte muy bien por el resto de la vida. Ya uno no puede estar en fiestas desenfrenadas ni parrandas, como las estoy gozando ahora. Por eso voy a posponer el viaje hasta que esté casi por morirme".

Para ese joven, el ponerse serio respecto a su fe quería decir una cosa: sofocar casi todo lo que él asociaba con gozar la vida. Ser santo y ser feliz, en su mente, eran cosas totalmente incompatibles. Esa misma actitud prevalece a través de toda nuestra cultura hoy en día.

Un Retrato que No Se Parece a Nosotros

A los medios comunicativos les encanta pintar el cristianismo como puritano, restrictivo, sombrío (incluso mórbido) y formalista. De hecho, es algo más apropiado para la gente remilgada, justa en su propia opinión y aburrida.

¿Por qué? Porque para el mundo secular la diversión está asociada estrictamente con la sensualidad, con el comportamiento desenfrenado y sin resguardos morales, aunque implique portarse irresponsable e insensatamente. Aquí los creyentes que tienen fe y convicciones fuertes son percibidos como aguafiestas, con vejez prematura, no mucho más que una aglomeración de inhibiciones, y como gente tensa que jamás ha logrado desempacar en su interminable viaje de culpabilidad.

Sería lo suficientemente malo si ese incorrecto punto de vista lo tuvieran solamente las personas de fuera de la iglesia, pero no se limita a ellas. A un grado significativo, la idea se ha arraigado entre los cristianos, y los efectos son devastadores.

Tristeza Pintada de Vidrieras de Colores

Siguiendo una orgullosa tradición de fariseos, muchas personas de la iglesia equiparan la seriedad con el respeto a Dios. Sienten que la seriedad provee la impresión de que no se camina la senda de la broma, la superficialidad y la sensualidad del mundo. La diversión, en esa medida, la consideran el

La Fe y la Diversión

anzuelo cebado del diablo, y la plataforma de lanzamiento del pecado. Y puesto que el pecado es algo tan gravemente serio, su actitud hacia el pecado la reflejan con caras sombrías.

Juan Wesley, aunque a veces era un hombre jovial, aconsejaba a los predicadores que adoptaran un comportamiento serio, circunspecto y solemne. Aún más, instruía a los metodistas que "evitaran toda frivolidad, broma y necedad en el hablar".[1] ¡Wesley se hubiera quedado atónito al oír algunos comentarios extremadamente risibles que yo oigo hoy en algunas reuniones cristianas!

Pero, ¿qué del presente? ¿Es que la gente todavía equipara la vida de santidad con la conducta callada y sombría? ¡Absolutamente! Y esa es la causa para que los niños confronten a sus padres con la pregunta: "¿Tenemos que ir a la iglesia hoy o podemos divertirnos?" Todavía los de fuera de la iglesia se estremecen con solo mencionarles la religión. ¿Por qué? Porque presuponen que la religión echa un balde frío sobre toda esperanza de vivir una vida alegre. Están de acuerdo con el estudiante de Arabia Saudita: la religión debe o evitarse, o posponerse hasta los últimos momentos de la vida.

¿Y bueno? ¿Qué hacemos con esa percepción? ¿Deberíamos considerar que la fe cristiana y la diversión son totalmente incompatibles? Por lo mismo, ¿tiene la vida de pecado el monopolio sobre el verdadero disfrute de la vida? Vamos a examinar algunos hechos que muchos cristianos ignoran y que la mayoría de la gente secular rechaza.

Una Razón para la Alegría Santa

La Palabra de Dios revela enfáticamente que el andar cristiano debería ser lo opuesto a lo catastrófico y lo melancólico. En ella hay innumerables referencias al gozo, la alegría, el regocijo y la felicidad. En donde todo esto existe, abunda siempre la risa. No debe sorprender que el Antiguo Testamento hable de la risa más de cincuenta veces.

Aunque al principio Abraham se rió de la promesa de Dios de que le iba a dar un hijo varón en su esposa de 90 años (Génesis 17:17), su burla se volvió en la risa gozosa de Sara al nacerles Isaac. Ella dijo: "Dios me ha hecho reír, y cualquiera que lo oiga se reirá conmigo" (21:6).

Cuando los israelitas regresaron del exilio extranjero a su patria, el salmista cantó acerca de la ocasión: "Cuando Jehová hizo volver de la cautividad a Sión, fuimos como los que sueñan. Entonces nuestra boca se llenó de risa y nuestra lengua de alabanza" (Salmos 126:1-2).

¿Continúa ese tema en el Nuevo Testamento? La respuesta tampoco debería sorprendernos.

Jesús les declaró a sus seguidores: "Cuando ayunéis, no pongáis la cara triste, como los hipócritas" (santurrones farsantes y exhibicionistas) "que desfiguran sus rostros" (Mateo 6:16). En la Última Cena (sabiendo que muy pronto sería arrestado, juzgado, maldecido, azotado, escupido y crucificado) nuestro Señor les proclamó a sus discípulos: "Si guardáis mis mandamientos, permaneceréis en mi amor; … estas cosas os he hablado para que mi gozo esté en vosotros, y vuestro gozo sea completo" (Juan 15:10-11).

Pero el gozo que el Señor menciona excede por mucho y se contrasta agudamente con la diversión que este mundo persigue. Vamos a examinar algunas de las diferencias más críticas:

El gozo de Cristo:
- Satisface permanentemente y crece continuamente
- Es principalmente espiritual, aunque incluye los sentidos
- Surge desde el interior
- Se basa en nuestra relación con Él
- Nunca gira hacia el humor degradado y crudo, ni hacia el sadismo

La Fe y la Diversión

La diversión o el gozo del mundo:
- Satisface transitoriamente y disminuye continuamente
- Es exclusivamente sensual
- Es impulsado por estímulos externos
- No se funda en una relación personal
- Con frecuencia gira hacia lo inmoral, lo cruel o lo sacrílego

Un canto favorito de muchos cristianos alude a nuestra relación con Jesucristo como una relación de "Gozo Sin Igual". ¿Por qué? Porque nuestro Señor es la esencia de la vida, la luz, el amor, e incluso la risa. En síntesis, cuando Él nos obsequia esas cuatro bendiciones, "las cosas viejas pasaron; todas son hechas nuevas" (2 Corintios 5:17). De ahí en adelante la fuente de donde extraemos nuestro gozo es de otra clase. Claro que nos reímos de chistes limpios y cómicos, pero también nos gozamos al ver que otros están felices, al oír de oraciones contestadas, y al recordarnos de que en la última página de su Gran Libro, es el lado de Él (y el nuestro) el que termina triunfando sobre la maldad. Dicho sin ambages, a nosotros nos tocará la última carcajada. Así que, ¿quién tiene mayor razón para celebrar y gozarse?

Con razón el apóstol Pablo les dijo con insistencia a los filipenses: "Regocijaos en el Señor siempre. Otra vez digo: ¡Regocijaos!'" (4:4). Y esa es la razón por la cual el apóstol Pedro, en su carta a los cristianos de la dispersión, habló de "alegrarse con gozo inefable y glorioso" a causa del don de la salvación (1 Pedro 1:8). La Epístola de Santiago, por su parte, instruyó a los cristianos a que se gozaran "profundamente" al enfrentar las pruebas, porque ellas desarrollan nuestra perseverancia (1:2-3). Y la de Judas agrega esta nota antifonal: "A aquel que es poderoso para guardaros sin caída y presentaros sin mancha delante de su gloria con gran alegría, al único y sabio Dios nuestro Salvador, sea gloria y majestad, imperio y poder, ahora y por todos los siglos. Amén" (Judas 24-25).

Así que, vemos que el tenor básico de la Biblia es el gozo, el cual nos alivia en los sufrimientos al igual que nos exalta cuando las bendiciones son abundantes. Ciertamente, en la Palabra de Dios las respuestas apropiadas a nuestra vida en Cristo han sido la gratitud exuberante, la alabanza emocionante, el gozo exultante, las sonrisas efervescentes y el estallido en risas. Ánimo en vez de abatimiento. Actitud positiva y no patética. Regocijo en vez de lamento. Anticipación en vez de congoja.

Algunos de Mis Héroes

A la mayoría de nosotros no nos es difícil ser positivos y encantadores cuando las cosas van bien: un ascenso en el trabajo, un hijo nuestro colocado en la lista de honor de la escuela, un examen médico con buenos resultados, o una bendición especial del Espíritu de Dios. Pero hay quienes siguen sonriendo en medio de las tormentas de la vida, cuando han sido golpeados por la tragedia, desafiando ciertamente la lógica de este mundo.

Frente a la adversidad extrema y a la persecución, los primeros mártires cristianos mantuvieron un espíritu gozoso y humilde. Sin embargo, cuando contemplamos sus vidas, tenemos la tendencia a enfocarnos solamente en sus desgarradores sufrimientos, pasando por alto el hecho de que muchos de ellos tenían un increíble sentido del humor. Muchos se reían hasta en la cara misma de sus angustiadores y de sus verdugos momentos antes de ser decapitados, echados a los leones, crucificados, ahorcados o quemados en el fuego.

Cuando llegaron los soldados romanos para arrestar a Ignacio de Antioquía (107 d.C.), y le informaron que lo iban a echar a los leones en el Anfiteatro de Flavio, declaró: "Me gozo de las bestias que tienen preparadas para mí". Policarpo

La Fe y la Diversión

(155 d.C.) fue arrestado y le dijeron que debía negar su fe o ser quemado en la pira. Él respondió: "Traed en mi contra lo que os plazca". Uno de los testigos observó que, "Mientras él decía eso, parecía estar en un rapto de gozo y de confianza, y su faz brillaba con cierta gracia del cielo". Las llamas fueron encendidas y él murió.

Inés (304 d.C.) fue cortejada por varios nobles romanos atraídos por su hermosura y sus riquezas, pero ella decidió consagrarse al Señor Jesús. Durante la persecución por Diocleciano fue condenada a ser decapitada. De ella escribió Ambrosio: "Inés, llena de gozo al oír esa sentencia, fue al lugar de ejecución con un gozo mayor que el que muestran muchos yendo a su boda".

Vicente de Zaragoza, contemporáneo de Inés, fue puesto en la catasta y le abrieron las carnes con uñas de garfios de acero. Sonriendo, llamó pusilánimes a sus verdugos. Sus perseguidores le echaron sal en sus heridas y lo colocaron en una parrilla en ascuas cubiertas de púas. Los testigos informaron que "Vicente se subió gozoso a la parrilla". Más tarde Agustín escribió que Vicente sufrió tormentos peores que los que un hombre hubiera podido soportar a menos que estuviera sostenido por un poder sobrenatural. "Cuanto más padecía, mayor parecía ser el gozo interior y la consolación de su alma".[2]

No importa cuántos tomos se pudieran escribir, jamás harían justicia a las historias de los miles de cristianos, tanto conocidos como desconocidos, quienes han sufrido el martirio por su fe a manos lo mismo de incrédulos que de creyentes intolerantes. Muchos fueron martirizados en la Alemania nazi y en la Rusia comunista. Tristemente, hoy más cristianos que nunca están padeciendo persecución y muerte. Pero esté usted seguro de que, al igual que en el pasado, Dios les está otorgando un gozo especial. El arzobispo Óscar Romero de San Salvador, El Salvador, quien murió por una bala asesina en 1980, ofreció la siguiente homilía poco antes de su muerte: "No es justo estar tristes. Los cristianos deben siempre sustentar en su corazón la plenitud del gozo. Procuren hacerlo, hermanos y hermanas. Yo lo he probado muchas veces en los momentos más oscuros, cuando las calumnias y las persecuciones han sido más duras. Unirme íntimamente con Cristo, mi amigo … . Ese es el gozo más profundo que puede tener el corazón".[3]

Pero, ¿qué de nosotros los que no somos mártires? Algunos de nosotros estamos padeciendo circunstancias duras, desgracias y problemas gravosos y persistentes: demonios del pasado; personas que se deleitan en hacernos sentir miserables; problemas de salud que van de mal en peor.

Como lo ha hecho con los mártires, Dios puede suministrar la sanidad y el consuelo a nuestro corazón adolorido y quebrantado. Si está en su voluntad, puede cambiarlo todo en un abrir y cerrar de ojos. Es por eso que tenemos que ser persistentes en la oración. Pero cuando las cosas no cambien, o se empeoren, Él nos puede ofrecer gracia para ayudarnos a pasar la prueba y hacerlo con un espíritu de júbilo. A través de los anales de la historia, millones han podido atestiguarlo.

Lo que Rinde el Gozo

Unirnos al coro de escritores bíblicos, de mártires y de gente ordinaria que abogan por vivir vidas que destilen un gozo irrefrenable, no quiere decir que vamos a ver desvanecerse todas las dificultades. En 2 Timoteo se habla de los verdaderos cristianos como los buenos soldados que tienen que sufrir penalidades (2:3). Y el apóstol Pedro habla del sufrimiento como el "fuego de la prueba" que ciertamente nos examinará (1 Pedro 4:12).

Claro que no podemos esperar permanecer perpetuamente en las cumbres de lo emocionante. Habrá veces que nuestro espíritu se hundirá, sea por los ciclos del temperamento, o por una sobrecarga de crisis, o por las acechanzas de Satanás.

La Fe y la Diversión 111

Hay veces que no tenemos ganas de andar con una gran sonrisa en nuestro rostro, ni tampoco apreciamos a los que nos dicen que debamos hacerlo.

Pero, habiendo dicho eso, hay gran ventaja en permitir que Dios cultive en nosotros una actitud positiva y expectante, y un rostro feliz. Hay que enfocarse en la rosquilla y no en el hueco; en la mitad del vaso que está llena y no en la que está vacía. A pesar de los días malos, y de los ocasionales tropiezos, el perfil de nuestra vida puede girar más y más en la dirección correcta a medida profundizamos nuestro caminar con Dios y nos acordamos de sus bendiciones.

Conclusión

Como todos bien sabemos, la seriedad no es cosa que deba siempre evitarse. Cuando uno esté arrepintiéndose de sus pecados, le esté expresando el pésame a los que están de duelo, o esté pasando por un estado grave de salud, conviene ser sombríos y pensativos.

Por otro lado, un rostro sonriente puede pertenecerle también a los malvados. Tanto en el Antiguo Testamento como en el Nuevo uno encuentra la risa de los injustos, los que a menudo se burlan y se ríen con escarnio de Dios y de los profetas.

Pero con respecto a la risa y al gozo de los justos, la Palabra de Dios alaba invariablemente su existencia. Ese gozo es positivo, provee energía, es terapéutico, es saludable, ¡y hasta santo! Como dijo sabiamente alguien, "¡Debemos de tomar más en serio el humor!" ¿Por qué? Porque nosotros los cristianos somos el pueblo de la esperanza.

Acerca del autor: El Dr. Johnston es profesor de sociología en Pepperdine University (Malibú, California) y presidente de la Asociación de Sociólogos Nazarenos de la Religión.

concepto erróneo común
número 11

Como lo oímos fuera de la iglesia: "El cristianismo es sólo una experiencia emocional".

Como lo oímos dentro de la iglesia: "Las experiencias verdaderamente espirituales siempre son emocionales".

Trasfondo bíblico: Mateo 22:37-39; 26:38, 42; Marcos 1:40-41; 3:5; 10:21; Lucas 7:13; 10:21; 19:41-44; Juan 11:3, 35, 38; Gálatas 5:22-23

CAPÍTULO 11

El Cristianismo Es Sólo una Experiencia Emocional

por Randy T. Hodges

Sus francos señalamientos dejaron atónitos a muchas personas sensiblemente religiosas: "La religión organizada es un engaño, y una muleta para gente débil de mente que necesita depender de la fuerza de los números," dijo el gobernador del estado de Minnesota, Jesse Ventura.[1]

Usted tal vez reaccionó igual que yo. Aunque él se creyera sus propias palabras, ¿cómo era posible que un oficial electo de tan alto rango dijera tal cosa?

La disposición del gobernador Ventura para decir lo que pensaba no dejó duda alguna respecto a su posición con la religión. Pero nos guste o no, el comentario apunta a una perspectiva de la vida que es sostenida por más y más personas alrededor nuestro. Muchos fuera de la iglesia están desilusionados con la religión organizada y hasta le son hostiles. Muchos concluyen que en realidad no hay nada en la religión. Creen que el cristianismo es, a lo sumo, una experiencia emocional.

Cuando nos dedicamos a considerar cómo se entrelazan la religión auténtica y las emociones, encontramos que aun a los que están en la iglesia les resulta difícil unirlas.

Jim Spruce recuerda uno de los santos de Dios a raíz de sus primeras experiencias en la iglesia de su juventud:

> Lo recuerdo sólo porque expresaba el lenguaje quieto pero elocuente de las lágrimas. A veces sus anchos hombros se estremecían por el peso de la carga que sentía. Sin embargo, nunca había la menor señal de que buscara atraer la atención, ni de un llanto tosco o desenfrenado. Uno encontraba su forma de llorar siempre apelante, nunca egoísta. Una vez pregunté acerca del hermano, y mi papá comentó: "Él es un verdadero Jeremías, un profeta llorón para nuestros días". Nunca lo supe, pero ese hombre quizá lloraba por mí también.
>
> Claro que no todos eran exactamente como él. Recuerdo a los que se paseaban por los pasillos de la iglesia, gritando y alabando a Dios, a los que agitaban el pañuelo, a los que levantaban las manos hacia el cielo, y a los que se reían con esa risa inocente del gozo santo. Nunca dudé de la autenticidad de lo que demostraban.[2]

Al recordar los días cuando la expresión emocional era más común en la adoración pública, hay quienes luchan con la inquietante idea de que hoy por hoy la iglesia no puede ser tan piadosa como lo fue, ya que no es tan emocional. En el centro de su lucha se anida la idea de que sólo las experiencias

El Cristianismo Es Sólo una Experiencia Emocional 115

emocionales son espirituales. Puesto que es difícil definir la espiritualidad genuina, algunos equiparan la emoción con la espiritualidad.

Las conclusiones de los de fuera de la iglesia, al igual que las de los de dentro, nos conducen a una inquietud común: ¿Cuál es el papel adecuado de las emociones en la espiritualidad auténtica? O, por decirlo de otro modo, ¿qué papel quiere Dios que jueguen nuestras emociones en el caminar con él?

Enfrascarnos con esta pregunta al tratar de armonizar lo que revela la Palabra de Dios con la experiencia de la vida real nos conduce a dos conclusiones:

1. La emoción es una parte esencial del ser genuinamente humanos, lo cual añade gozo y entusiasmo, y es suficiente razón para que se incluya en nuestro caminar con Dios.

¡Qué fría sería la vida sin la emoción! Tiene razón Billy Graham: "La emoción no puede ser extraída de la vida. Ninguna persona inteligente ni siquiera pensaría decir, 'Vamos a deshacernos de las emociones'. Algunos críticos sospechan de toda conversión que no ocurra en un refrigerador. Hay muchos peligros en el emocionalismo falso, pero eso no excluye la emoción verdadera y la profundidad de sentimientos. La emoción puede ser variable en la experiencia religiosa. Algunas personas son imperturbables y otras son demostrativas, pero el sentimiento siempre va a estar presente. Va a haber cierto ardor en el corazón".[3]

¿Quién se opondría a una religión sincera? Removerle la emoción a una fe viviente sería como extraerle el corazón a una persona y pretender que siga viviendo. La emoción es una parte esencial del ser genuinamente humano.

2. Aunque la emoción es una parte esencial de la vida, puede resultar desastroso permitir que sólo nuestros sentimientos nos controlen.

El fanfarrón del vecindario antes intimidaba a toda la cuadra. Lo que demandaba lo obtenía. Todo el mundo estaba listo a darle la razón. Como nadie se atrevía a llevarle la contraria, siempre se salía con la suya. Y así se portan algunas veces nuestras emociones, como fanfarrones que nos demandan y nos obligan, al punto de que se nos olvida que podemos tener control de ellas.

Nuestras emociones no tienen que ser nuestro dictador. Sin embargo, no son pocas las veces que tomamos decisiones basadas, no en un pensamiento cuidadoso, sino en lo que sentimos. Es posible darle a las emociones derechos excesivos en el gobierno de nuestros escogimientos, nuestras decisiones, y hasta en la dirección de nuestra vida.

James Dobson observa: "La experiencia emocional en el mundo occidental ha llegado a ser la motivación primaria de los valores y de las acciones y aún de las creencias espirituales".

Tres Peligros de una Vida Impulsada por las Emociones

Peligro número 1: Las emociones son fluctuantes y por lo tanto no son indicadores confiables de la realidad.

Desde su juventud Ronaldo quería servir a Dios. Aceptó a Cristo desde temprana edad y vivía solamente para servir a su Señor y Salvador. Fue santificado de joven y lo que más deseaba era honrar a Dios.

Sin embargo, al entrar a sus años de adulto joven, su vida se le empezó a trastornar. Sus emociones comenzaron a traicionarlo, dejándolo con sentimientos desesperados de culpabilidad. Sufría tal depresión que a veces se encontraba totalmente incapaz de funcionar. Su incapacidad para cumplir con las responsabilidades le hizo sentirse aún más culpable. Aun los asuntos de menor importancia pesaban inmisericordemente sobre Ronaldo. Sufría de una conciencia extremadamente sensible. Vez tras vez buscaba ayuda en el altar. Sus amigos trataban de animarle. Su pastor lo aconsejaba. Sin embargo, no importaba cuánto orara, ni cuántas veces le pedía perdón a Dios, Ronaldo seguía siendo perseguido por sus emociones. Se sentía condenado por Dios y sin esperanza.

Es importante reconocer que a veces las emociones de una persona pueden estallar fuera de control. Y es posible que no se trate de una falta de fuerza de voluntad ni de dominio propio. Es posible que tampoco indique una espiritualidad enfermiza. La ciencia médica está aprendiendo cada vez más sobre cómo funciona la mente y cómo influye la química cerebral en los pensamientos y las emociones. Más y más se está creando consciencia de que los desequilibrios químicos en el cerebro pueden causar trastornos emocionales, incluyendo la depresión, cosa que puede inmovilizar a una persona. Es trágico cuando las emociones de las personas que son espiritualmente sensibles llegan a convencerles de que han perdido su relación con Dios por causa de su depresión.

¿Es el estar deprimido siempre un indicio de que uno ha perdido su relación con Dios? Una persona gravemente deprimida ciertamente puede sentirse culpable. Hay veces que sentirse culpable es la debida consecuencia emocional por haber hecho algo malo, pero eso ya es otro asunto. Cuando hemos hecho lo malo, el remedio para la culpabilidad genuina es la confesión y el arrepentimiento delante de Dios. Sin embargo, algunas personas que no han hecho nada malo pueden sentirse perdidos, y quizá hasta separados de Dios y sin esperanza. Puede que su lucha no sea por falta de espiritualidad. Su problema podría ser médico. La causa de la depresión en algunos casos no se debe a que el individuo haya perdido la salvación, sino a una falta de equilibrio en las sustancias químicas que requiere atención médica de parte de un doctor informado y capaz de intervenir. Puesto que las emociones son fluctuantes y no siempre son indicadores confiables de la realidad, es peligroso evaluar nuestra condición espiritual solamente a base de cómo nos sentimos.

En el caso de Ronaldo, el desenlace fue feliz. Cuando pudo encontrar un médico informado que le recetó los medicamentos apropiados, sus sentimientos de haber sido abandonado por Dios empezaron a desaparecer. Con el tiempo llegó a darse cuenta que no había perdido su relación con Dios, y que ciertamente Dios nunca había dejado de amarle. Cuando superó la depresión y restauró su equilibrio emocional, Ronaldo volvió a tener el gozo de su salvación y su capacidad para tratar eficazmente con la vida.

Peligro número 2: En una vida impulsada por las emociones, las decisiones basadas en los sentimientos a menudo resultan en malos escogimientos.

Las decisiones basadas en nuestros sentimientos pueden impedirnos hacer lo que necesitamos hacer. Seguir nuestras emociones con frecuencia nos lleva a donde no queremos ir.

- Tienes que tomar el examen final mañana. Necesitas estudiar, pero prefieres ver la televisión. Tus emociones te dicen, "Mira la televisión". Y, miras el programa y sales reprobado en el examen.

- Tu ropa se siente más ajustada de lo que conviene. No se ha encogido. Te convendría rebajar un poco de peso pero preferirías gozar de un buen postre. Tus emociones te dicen, "Hoy has tenido un día difícil. Complácete". Pues, te comes el pastel de chocolate, ¡y tu ropa se pone aún más apretada!

- Tu esposa merece un descanso. Los niños han sido muy traviesos. Necesitas llevarla a comer una cena deleitable en el restaurante que prefiera, pero, resulta que un amigo tuyo te llama al último momento y te invita a ser el cuarto jugador en el

El Cristianismo Es Sólo una Experiencia Emocional

campo de golf donde has tenido tremendas ganas de jugar. Tú sabes muy bien lo que deberías hacer, pero también sabes bien lo que tú quieres hacer. (Afortunadamente, en casos como estos no hay conflicto. ¡Todo el mundo sabe que los esposos considerados y amantes en todas partes siempre preferirían llevar a su señora a cenar!)

- Sientes en tu trabajo que la jefa no te estima. Ella por lo regular está atareada, y rara vez se toma el tiempo para simplemente charlar. Tus emociones te dicen que lo mejor es sencillamente ignorarla. Sin embargo te preguntas si tu relación con ella no llegaría a distanciarse aún más.

En cada uno de esos ejemplos, la constante es la tentación de permitir que lo que escojamos sea determinado por nuestras emociones. Es fácil hacerlo. Pero permitir que nuestras emociones nos impulsen, con frecuencia significa arribar a un destino indeseable. Hay veces que el fin es trágico. Nada podría ser más peligroso que entregar nuestra vida a las fluctuaciones impredecibles de nuestras emociones.

Peligro número 3: Una vida impulsada por las emociones pone en riesgo de colapso espiritual a los creyentes una vez lleguen los tiempos difíciles.

"Si vamos a ser derrotados durante el peregrinaje espiritual de la vida, es muy probable que las emociones negativas van a jugar un papel dominante en esa derrota," dice James Dobson.[5] Emociones negativas como la ira, el desánimo, la desilusión o la amargura son extremadamente destructivas.

Una persona ha observado: "La amargura es como tomarse uno el veneno y esperar que sea la otra persona la que se muera". A Satanás le encanta usar emociones negativas como la amargura y el temor para manipularnos en la toma de decisiones dañinas. La emoción puede ser un siervo maravilloso pero un amo horripilante.

La Madurez Espiritual Requiere Equilibrio

En el Evangelio de Mateo, Jesús dijo: "'Amarás al Señor tu Dios con todo tu corazón, con toda tu alma, y con toda tu mente.' Este es el primero y grande mandamiento. Y el segundo es semejante: 'Amarás a tu prójimo como a ti mismo'" (22:37-39).

El Señor Jesús no nos llama tan solo a amar con el corazón. Tampoco nos llama a amar tan solo con la mente. Él nos llama a una vida equilibrada: corazón, alma y mente.

El Señor Jesús no nos llama a apagar nuestras emociones y resignarnos con estoicismo a tolerar cualquier cosa que venga en contra nuestra. Más bien nos llama a gozar de las emociones que Dios nos ha dado y a amarlo con todo nuestro corazón. Lo que Dios desea no es que abandonemos nuestras emociones ni que seamos tiranizados por ellas. Más bien desea que le sometamos nuestras emociones y que las empleemos para gozar de esta vida que Dios nos da. ¡Amar a Dios y a todos los que nos rodean no es un pozo vacío y oscuro que tengamos que evitar, sino su invitación a vivir la vida abundante!

Nuestro Modelo Es Jesús

Al esforzarnos en ser como Jesús, con frecuencia se nos olvida considerar sus emociones. Jesús revela lo que quiere decir ser plenamente humano. Sus emociones reflejan para nosotros lo que Dios desearía que fuéramos.

Jesús sintió compasión (Marcos 1:40-41; Lucas 7:13). Sintió enojo (Marcos 3:5). Conoció el dolor del luto (Lucas 19:41-44; Juan 11:35-38). También experimentó el gozo profundo (Lucas 10:21), y el amor que nunca falla (Marcos 10:21; Juan 11:3).

Esos deben ser también nuestros sentimientos.

El Cristianismo Es Sólo una Experiencia Emocional 121

Aunque Jesús experimentó profundas emociones, sus emociones fueron sus siervos y no su amo.

Mientras que escribo estas líneas, ruge descontrolado un incendio forestal en Nuevo México. Los hogares de residentes horrorizados se están consumiendo en grandes llamas. Hasta ahora más de 47,000 acres de excelentes bosques han sido destruidos, 405 familias han sido damnificadas, y el laboratorio de armamentos nucleares de Los Álamos ha sido afectado. Los oficiales esperan controlar el fuego dentro de 3 ó 4 días.

La frustración crece cuando la gente se pone a pensar en lo que le han dicho que fue la causa del fuego: "Una quema controlada" para eliminar matorrales innecesarios que pronto se salió del control. Fue casi como cuando se afloja una roca en lo alto de una montaña; no hay cómo detener la avalancha una vez se sale del control.

Las emociones pueden tomar el control así de rápido. Si vivimos dependiendo de nuestras emociones, nos pueden arrastrar a donde no queremos, obligándonos a hacer cosas horribles que jamás hubiéramos imaginado que las haríamos.

¡Pero hay buenas noticias! Nuestras emociones no tienen que seguir siendo el "fanfarrón del barrio" que siempre se sale con las suyas. Puesto que Dios ofrece a los creyentes el don del dominio propio, nosotros podemos darle el frente a nuestras emociones. Podemos hacer caso omiso de sus agitadas y egoístas demandas, y hacer lo que sabemos que es correcto.

Al ofrecer su ser entero a Dios (incluso sus emociones), el Señor Jesús demostró dominio propio y sin titubeos, aun cuando no tuviera deseos de obedecer.

Imagínese las emociones que Jesús experimentó durante esas horas previas a la cruz. Les dijo a sus discípulos, "Mi alma está muy triste, hasta la muerte" (Mateo 26:38). El dolor de la traición. La frustración por las acusaciones falsas.

El enojo contra los líderes religiosos tan ciegos y duros de corazón. La anticipación del dolor y el sufrimiento. Todas esas emociones fueron verdaderamente arrolladoras.

¿Arrolladoras? ¡Absolutamente! ¿Controladoras? No. Jesús decidió que en lugar de rendirle el control a sus emociones, haría lo que Dios mandara. "Padre mío", oró, "si no puede pasar de mí esta copa sin que yo la beba, hágase tu voluntad" (v. 42). Para Jesús eso quería decir ir hasta la cruz del Calvario. Los sentimientos de Jesús estaban controlados por su mente (lo que Él sabía) y por su voluntad (lo que Él escogió).

Hay veces que la obediencia requiere que hagamos lo que preferiríamos no hacer. Para vivir una vida que le agrade a Dios, nuestras emociones deberán ceder a nuestra mente y a nuestra voluntad. Eso requiere dominio propio. " … El Fruto del Espíritu es amor, gozo, paz, paciencia, benignidad, bondad, fe, mansedumbre, templanza; contra tales cosas no hay ley" (Gálatas 5:22-23).

¡Y el dominio propio no es cosa de poco valor!

Conclusión

Los cristianos se pueden ir a un extremo y hacer que su cristianismo sea sólo una experiencia altamente emocional tras otra. O se pueden ir al otro extremo y hacer que su cristianismo sea lo más sombrío posible. Nosotros haríamos bien en rechazar los dos extremos como expresión de una fe cristiana auténtica, porque el cristianismo no es ni una experiencia emocional desenfrenada ni tampoco la negación de toda emoción.

Las marcas de la fe madura incluyen tener emociones intensas y poder hacer escogimientos y decisiones que honren a Dios y que nos guíen en todo lo que hagamos. Como pueblo de Dios, nuestra meta de madurez espiritual demanda que desarrollemos una equilibrada experiencia con Dios que

El Cristianismo Es Sólo una Experiencia Emocional 123

le ofrezca todo nuestro ser, incluyendo nuestra mente, nuestras emociones y nuestra voluntad, al señorío de Jesucristo.

Acerca del autor: El Dr. Hodges es el pastor de la Iglesia del Nazareno en Mayville, Kentucky.

concepto erróneo común
número 12

Como lo oímos fuera de la iglesia: "Yo probé una vez el cristianismo y no funciona".

Como lo oímos dentro de la iglesia: "He visto muchos problemas en la iglesia; quizá el cristianismo no funciona".

Trasfondo bíblico: Deuteronomio 6:5; Daniel 5:2, 5-6, 27; Lucas 10:25, 27-28; Hebreos 12:2

CAPÍTULO 12

El Cristianismo No Funciona

por Gene Van Note

Un musulmán, uno de 28,000 en un campamento para refugiados en Kosovo, relató lo siguiente: "Los soldados serbios 'cristianos' vinieron a mi casa a mediodía y nos forzaron a todos a salir. Mientras que un soldado apuntaba con el arma a mi familia, el otro ató nuestra vaca. Nos obligaron a observar mientras comían grandes trozos de carne cruda que cortaban del animal, haciendo que éste se retorciera de la agonía. Dieron órdenes de que partiéramos inmediatamente de allí, teniendo que comenzar una caminata de 51 millas desde nuestro hogar en Pristina hasta Skopie con solo lo que podíamos cargar en la espalda". Entonces resumió cómo su familia se sentía diciendo: "Si eso es cristianismo, no quiero ver nada con él".[1]

¿Ha llegado el musulmán a una conclusión justa?

Un cristiano interesado hablaba con un hombre en su trabajo que alegaba no tener fe en Dios. El cristiano estaba tratando de hacerle comprender los beneficios de conocer a Jesús como su Señor, y al término de la vida, ir al cielo para estar con Él por toda la eternidad.

Mencionando a un compañero de trabajo, el hombre preguntó, "Y él, ¿es miembro de su iglesia?"

"Sí, cómo no".

"Si él va para el cielo, yo no quiero ir adonde él va".

¿Es justo ese sentir?

¿Se hace uno cristiano del mismo modo que uno se hace un indio Navajo en Nuevo México, un demócrata en la ruralía del estado de Missouri, o un soldado "cristiano" en Serbia"? ¿Nacemos en una tribu? ¿Es justo juzgar a toda la tribu por causa de lo que hizo uno de sus miembros en el momento de mayor flaqueza, enojo o prejuicio? Por otro lado, ¿es correcto asumir que conocemos al grupo entero sobre las bases de lo que hace uno de sus miembros en el mejor momento de él o de ella?

Para decirlo sin ambages, ¿debería de juzgarse el cristianismo basado en el comportamiento de algunos de sus miembros?

"No," dice usted.

"¿Y por qué no?" responde el cínico.

Y esa es precisamente la pregunta que vamos a explorar, ya que muchos escépticos han concluido que el cristianismo no funciona.

El Cristianismo Ha Sido Hallado Falto

En la noche del 12 de octubre de 539 a.C., el ejército de Persia desvió el río Éufrates, el cual servía de barrera defensiva alrededor de Babilonia. Los soldados entraron a la ciudad andando sobre el cauce seco del río, superando así varias posiciones defensivas claves. Mientras los soldados entraban en la ciudad, Belsasar servía de anfitrión en una sensual fiesta para la alta sociedad babilónica. Antes de que saliera el sol, Belsasar había muerto en manos de los persas y Ciro controlaba el imperio.

El Cristianismo No Funciona

"Y eso, ¿qué importancia tiene para nosotros?" le oigo preguntar. "Eso es historia antigua. Ocurrió hace dos milenios y medio".

La importancia que tiene es simplemente la siguiente: esa lección de la historia ilustra una verdad eterna. Primero vamos a mirar el relato histórico para luego explorar su significado unos 2,500 años después.

La Fiesta de Belsasar

El rey Belsasar dio una fiesta. Y ¡qué fiesta! Antes de que se acabara, más de mil personas se habían emborrachado con los mejores vinos del imperio. Bajo los efectos del vino, Belsasar mandó que se trajeran a la fiesta los vasos de oro y de plata sustraídos del templo de Jerusalén, "para que bebieran de ellos el rey y sus grandes, y sus mujeres y sus concubinas" (Daniel 5:2).

Belsasar hizo algo más que proveer copas caras para beber. El mensaje simbólico fue, "Los dioses de Babilonia son más poderosos que el Dios de Israel. Nosotros somos los victoriosos; nosotros controlamos el mundo. Así que nuestros dioses son más grandes que cualquier otro dios en todo el mundo".

"En aquella misma hora aparecieron los dedos de una mano de hombre que escribía … sobre lo encalado de la pared … . el rey palideció y sus pensamientos lo turbaron, se debilitaron sus caderas y sus rodillas daban la una contra la otra" (vv. 5-6). A los pocos minutos Daniel le interpretó al rey lo que había sido escrito. Le dijo, en parte, a Belsasar: "Pesado has sido en la balanza, y hallado falto" (v.27).

Los Imitadores de Belsasar a Través de los Siglos

El juicio contra Belsasar en días de Daniel puede ser aplicado al cristianismo 2,500 años más tarde. El refugiado musulmán y el compañero de trabajo son ejemplos vivos de la gente que ha decidido que el cristianismo es una religión vacía que promete lo que no cumple. Para ellos, el cristianismo ha sido pesado en la balanza y hallado falto.

El haber fallado implica que hay un nivel por bajo del cual uno puede caer. Eso parece ser una idea simple, pero es un pensamiento fundamental. El ser hallado falto implica que hay una norma.

Por ejemplo, no todos podemos ser un atleta olímpico. El Comité Olímpico Internacional establece los estándares eliminatorios: los tiempos y las distancias. Un atleta puede ser el mejor de su nación y aun así no calificar. No correr uno lo suficientemente rápido, o no lanzar uno lo suficientemente lejos la jabalina, y se encontrará mirando los juegos olímpicos en la televisión de su casa.

Hablar de normas objetivas éticas y morales no es idea aceptable para muchos en nuestros días. Vivimos entre gente que anda en una jornada interior en busca de la paz, con la pretensión de que "cualesquiera sean los dioses que haya" no se han de encontrar sino dentro de nosotros mismos.

El domingo 12 de marzo de 2000 fue un día clave para la Iglesia Católica Romana. Esa mañana en la misa, el Papa Juan Pablo II dijo, "Pedimos humildemente perdón … por la traición al evangelio cometida por algunos de nuestros hermanos durante los últimos 2,000 años".[2] Entre las acciones por las cuales pedía perdón el Papa estaban el que algunos católicos no hubieran ayudado a los judíos en épocas críticas, incluyendo la violencia de la Inquisición y de las Cruzadas y, por implicación, su trato salvaje durante el Holocausto

(1939-1945). También pidió perdón por las faltas de los católicos con las mujeres, con los pueblos indígenas, con los inmigrantes, con los pobres, y con los que no han nacido y han sido abortados. Esa súplica de perdón sin precedentes de parte del Papa presupone una norma de comportamiento con la cual se pueden comparar todas las demás acciones.

Al igual que Belsasar, los cristianos en todas las edades y en todas sus variedades han sido pesados y hallados faltos. Su conducta se ha quedado lejos de la norma de Dios, un fracaso notado por muchos entre los que los cristianos han vivido y a quienes han querido llevar el mensaje de la salvación.

Al Cristianismo Se Le Ha Hallado Difícil

Una vez, antes de los días de los minimercados, me detuve en la tienda de abarrotes del barrio para comprar pan y leche. El carnicero me dijo, "¿Es usted el predicador de esa pequeña iglesia pintada de blanco en la calle más abajo?"

"Sí".

"Le quiero hablar de uno de sus miembros, un hombre que se llama Ronaldo".[3]

Entretanto yo me preguntaba para mis adentros qué habría hecho Ronaldo, el carnicero continuó, "Ronaldo vino aquí hace unos seis meses, dio la vuelta al mostrador, puso su brazo sobre mi hombro, y me prometió que me iba a pagar todo el dinero que me debía. Yo me le acerqué para determinar por el olor si estaba bebiendo otra vez, ¡pero no! Me dijo, 'Acabo de encontrar a Jesucristo como mi Salvador, y ahora quiero hacer restitución con todo el mundo'".

"Cuando le oí hablar de que se había hecho cristiano," continuó el carnicero, "me dije para mis adentros, *'Esto ya lo he oído antes. No de él, sino de otros'*".

"Pastor," me dijo, "esas personas entran aquí de vez en cuando y me cuentan que se han vuelto religiosos y que van a pagar lo que deben. Es casi como aquel que compra un auto nuevo y lo estrena llevándolo a pasear por el pueblo para impresionar a sus amigos. Después de unos pocos meses se cansa de pagar las mensualidades y el gerente de la agencia de autos viene y se lo quita. Pues, yo pensé que así iba a ser con Ronaldo".

Hace casi un siglo G. K. Chesterton, un escritor inglés dijo: "El ideal cristiano no se ha probado y hallado falto, sino que se ha hallado difícil y se ha dejado sin probar".[4]

La fe cristiana vive en una tensión entre esa gracia conquistadora de Dios que perdona el pecado, y el llamamiento a vivir una vida recta. Somos salvos por la gracia y solamente por la gracia. Sin embargo, el cristianismo no es como el almuerzo gratis que le sirven a uno en un centro caritativo, el cual viene sin ninguna obligación. El don gratuito de la gracia de Dios acarrea ciertos requisitos para el cotidiano vivir. Hay que recordar, como hemos oído decir a muchos predicadores, que "Dios no le dio a Moisés 'Las Diez Sugerencias' allá en el monte sagrado".

El cristianismo tiene profundas raíces en el judaísmo. La Shemá está aún más cerca al corazón de nuestra fe que los Diez Mandamientos. Los hebreos fieles oraban diariamente las palabras del Shemá. Los judíos devotos contemporáneos las guardan sobre sus labios y las fijan en el marco de la puerta de su casa. "Amarás a Jehová, tu Dios, de todo tu corazón, de toda tu alma y con todas tus fuerzas" (Deuteronomio 6:5).

Jesús amplió esa verdad central cuando relató la historia del Buen Samaritano. En esa ocasión le preguntó al "intérprete de la Ley" (Lucas 10:25) cuál era el significado de la vida según la Ley. El experto respondió, "Amarás al Señor tu Dios con todo tu corazón, con toda tu alma, con todas tus fuerzas y con toda tu mente; *y a tu prójimo como a ti mismo*" (v. 27 con énfasis agregado). Jesús se mostró de acuerdo diciendo, "Haz esto y vivirás" (v.28).

No necesitamos mucho parloteo sicológico para saber que el amar a nuestro prójimo así como nos amamos a nosotros mismos no es el agregado más fácil en la lista de quehaceres que Dios nos ha dado. Como lo dijo Chesterton, "El cristianismo ha sido hallado difícil y se ha dejado sin probar".

El Cristianismo Ha Sido Hallado

¿Y qué de Ronaldo?

El carnicero me dijo, "Han pasado varios meses, y Ronaldo no ha dejado de pagar un solo pago. Algo le ha pasado. ¿No sabe usted qué habrá sido?"

"Sí, creo que lo sé", le dije al carnicero. "Le voy a contar. Mejor dicho, déjeme contarle acerca de Aquél que ha transformado a Ronaldo en un hombre que paga sus cuentas".

En toda generación, en todos los niveles de la sociedad, desde los más pobres hasta los más ricos, y desde los más mansos hasta los más agresivos, hay gente que ha sido transformada por Cristo Jesús. Eso incluye a una mujer de baja estatura, nacida con el nombre de Agnes Gonxha Bojaxhiu, la tercera hija de un obrero de la construcción en Albania, la cual escogió dejar una vida cómoda para servir a la gente agobiada, rechazada y moribunda de las calles de Calcuta. Todos la conocemos como la Madre Teresa. Ese grupo incluye también a un vendedor de calzados llamado Dwight Moody, a un jugador de béisbol llamado Billy Sunday, a un hijo de agricultor que es conocido en todo el mundo como Billy Graham, y al hijo ilegítimo de una geisha llamado Toyohiko Kagawa, quien llegó a ser un evangelista y reformador social japonés. Y a estos agréguense millones de hombres, mujeres, niños y niñas que no se han conocido fuera de su propia vecindad.

Ninguna de esas personas ha insinuado ser el Salvador. Cada uno ha vivido de acuerdo al principio que el escritor de Hebreos proclamó cuando dijo: "Corramos … puestos los ojos en Jesús, el autor y consumador de la fe, el cual por el gozo puesto delante de Él sufrió la cruz, menospreciando el oprobio, y se sentó a la diestra del trono de Dios" (Hebreos 12:2).

Fue Jesucristo quien ha captado la atención de todas esas personas y ha conquistado sus vidas. A Él le han dado toda su fidelidad, y a un mundo fatigado le han dado su ejemplo. No han pedido ninguna otra cosa que seguir a su Señor, y en el acto de seguirle han compartido el gozo transformador con sus vecinos, sus colaboradores, su familia, y sus amigos. Y, si se les demandara, sacrificarían su vida por una causa que vale más de lo que ellos pueden dar, aunque les cueste esa "última y plena medida de su devoción".[5]

Según han caminado con el Señor Jesús por los muchos rincones del mundo, tranquilos algunos de esos rincones pero en su mayoría convulsos, han hallado un gran compañerismo. Esas personas han descubierto una nueva comunidad; han hallado una familia nueva; un lugar al cual pertenecer; un grupo acogedor.

La iglesia está llena de gente parecida al hermano que al alistarse para dirigir un himno el domingo de Navidad dijo: "Vamos a ponernos de pie para cantar, 'Al Mundo FAZ, Nació Jesús".

Nos reímos. Más que nada porque no fuimos nosotros los que cometimos el error. Pero nos hace pensar en que el cristianismo está compuesto de gente menos que perfecta. Personas como ese director de himnos, un ex alcohólico, padre soltero tratando de criar, solo, a sus dos hijas, luchando por mantener orden en sus finanzas y control en su hogar.

Ahí reside uno de los problemas con la iglesia y con el cristianismo. Sus proponentes más visibles son humanos. No es nada difícil encontrar a un cristiano imperfecto. Usted solo tiene que estarse entre ellos por un rato. Pero estando entre ellos, mire a ver si no empieza a notar una nueva vitalidad, un celo nuevo por la vida, y una nueva compasión por los demás. Quizá usted también será como la señora que testificó, "Yo he sido ganada para el Señor por medio de una dulce conspiración".

> *Acerca del autor: El Rvdo. Gene Van Note fue redactor ejecutivo del currículo de la escuela dominical de la Iglesia del Nazareno. Actualmente está jubilado y vive en Overland Park, Kansas.*

concepto erróneo común número 13

Como lo oímos fuera de la iglesia: "La resurrección es simplemente un mito".

Como lo oímos dentro de la iglesia: "La resurrección no parece ser muy importante la mayor parte del tiempo".

Trasfondo bíblico: Génesis 1:31; 1 Reyes 17:17-23; 2 Reyes 4:18-37; Marcos 5:21-43; Lucas 7:11-15; Juan 11; 1 Corintios 15; Filipenses 3:7-11; 1 Tesalonicenses 4:13-14

CAPÍTULO 13

¿Ocurrió Realmente la Resurrección?

por Roger Hahn

Puede suceder en una clase de sociología o de filosofía en una universidad secular. En un comentario que parece ser puramente casual, el profesor dice, "Y, por supuesto, la idea cristiana de la resurrección de Jesús es otro ejemplo del mito común en las religiones antiguas de un dios que muere y que vuelve a vivir". La estudiante cristiana sólo sabe que ella había creído en la resurrección de Cristo, y no sabe nada acerca de mitos antiguos de dioses que mueran y que vuelvan a vivir. Como la estudiante supone que el profesor está enterado acerca de esos asuntos, ella, como creyente, vacila en su fe.

Podría ocurrir al mirarse un programa especial de televisión o al leer un artículo en una revista que reseñe algún seminario que se ha ofrecido sobre la persona de Jesús. Un estudioso declara: "Los relatos de la resurrección, como parte de los evangelios, son declaraciones de fe; no son historia.

Los relatos de la resurrección en los cuatro evangelios se contradicen. Es obvio que son una invención de la iglesia primitiva en su esfuerzo de afirmar la fe de que la influencia de la vida de Jesús continuaba en la vida de ellos". El creyente que escucha o lee sabe que él siempre ha tomado literalmente las narrativas de la resurrección, pero aquí está una persona que obviamente ha estudiado a fondo la cuestión, y que no las acepta. Y el creyente comienza a hacerse preguntas.

Esos dos ejemplos son un compuesto de las historias de muchas personas con las cuales ha hablado este autor durante más de 25 años de ministerio. La mayoría de las veces, muchos de esos creyentes no dejan de asistir a la iglesia, aunque algunos sí. Es posible que continúen activos y que aparenten ser miembros modelos de la iglesia, pero la energía de su vida de iglesia provendrá de fuentes sociales antes que teológicas. Lo que los mantiene en la iglesia son las relaciones personales y no la verdad del evangelio. Algunas de esas personas comienzan a percibir la fe cristiana simplemente como un sistema moral de elevadas normas éticas. Muchos todavía profesan una relación personal con Cristo, pero esa relación es con Jesús, el maestro ético, y/o con Jesús cuya muerte en la cruz hizo propiciación por sus pecados. Sin embargo, aquella fe vibrante en la resurrección que vigorizó a la iglesia primitiva se ha perdido en la niebla de incertidumbre respecto a lo que debe y puede creer el cristiano pensante.

Con frecuencia, sin darse cuenta, la iglesia contribuye a esa experiencia diluida de la fe. Reserva la atención a la resurrección solo al domingo de la Pascua Florida. Aun en tal ocasión, oportunidades tan importantes para una enseñanza significativa quedan ensordecidas por otras actividades. Frecuentemente se suspenden las clases de la escuela dominical y se omiten los sermones para dar lugar a presentaciones musicales o dramáticas que dependen de efectos técnicos para representar la resurrección. A penas se mencionan la centralidad teológica y las implicaciones tan poderosamente significativas de la resurrección. Algunas iglesias evangélicas ponen mayor atención a la muerte de Cristo en el Domingo de Resurrección que a la resurrección misma. Con razón muchos creyentes mantienen su fe en la resurrección más por un sentido de deber que por entendimiento y deleite. Hemos olvidado el antiguo dicho de que, "Todo día domingo es un pequeño Domingo de Resurrección".

Fe de Resurrección

Para comprender la doctrina de la resurrección en el Nuevo Testamento tenemos que distinguir la resurrección de Cristo de otros eventos bíblicos a menudo denominados "resurrecciones". La así llamada resurrección de Lázaro (Juan 11), traer de nuevo a la vida a la hija de Jairo (Marcos 5:21- 43) y al hijo de la viuda de Naín (Lucas 7:11-15), y las dos historias parecidas de Elías (1 Reyes 17:17-23) y de Eliseo (2 Reyes 4:18-37) que traen a hijos de personas de nuevo a la vida, son todos relatos con un tema en común. Se devolvió a la vida normal a una persona que había muerto. Sin embargo, en cada caso, se esperaba que la persona a la que se le había devuelto la vida tarde o temprano iba a morir. Esas son historias de *resucitación.*

La resurrección de Jesús fue la restauración a la vida de un hombre muerto, pero con una diferencia muy significativa y poderosa: *Jesús fue levantado para nunca jamás volver a morir.* Fue levantado en o con un cuerpo, pero un cuerpo que es inmortal. En ese sentido, la resurrección de Jesús es un acontecimiento histórico absolutamente único. Jamás había ocurrido antes; y nunca ha vuelto a ocurrir. Pero la fe de los cristianos es que aunque ocurrió solo una vez, algún día va a ocurrir de nuevo para todos los creyentes que han muerto. Hay poquísimo en común entre esa fe cristiana y aquellas ideas antiguas de dioses que mueren y vuelven a vivir. Muchas religiones antiguas se desarrollaron en sociedades agrícolas que se enfocaban en ritos de fecundidad. En muchos casos creían que sus dioses morían y volvían a levantarse cada año, primero con la venida del invierno, y después con la llegada de la primavera.

La esperanza cristiana que se enseña en el Nuevo Testamento no es que tengamos un alma que nunca muere y que es liberada para estar con Dios en el momento de la muerte. Esa idea entró al pensamiento cristiano cuando el evangelio encontró ideas filosóficas griegas similares y se acomodó a ellas. El Nuevo Testamento tiene la confianza de que los creyentes que mueren van a ser resucitados a la vida en forma *corporal*. El cuerpo va a ser reconocible, como el mismo cuerpo en el cual vivimos, pero será transformado en forma celestial o inmortal.

La Resurrección en 1 Corintios 15

La naturaleza única de la resurrección de Jesús siempre ha hecho difícil comprenderla y creerla. El apóstol Pablo se enfrentó con varias objeciones a la resurrección en la iglesia de Corinto. Su respuesta a esas objeciones la encontramos en 1 Corintios 15. La primera parte del capítulo (vv. 1-34) les recordó a los creyentes que la resurrección es la verdad esencial del evangelio. La parte final del capítulo (vv. 35-58) respondió a las objeciones de los corintios en cuanto a la idea de un cuerpo resucitado.

El Apóstol comenzó por declarar que la resurrección era la culminación del evangelio que él primero les había predicado. El versículo tres les recordó a sus lectores que el Apóstol les había entregado en forma de enseñanza oral confiable el mismísimo evangelio que él había recibido en forma de enseñanza oral confiable. Los estudiosos creen que Pablo se refería a la instrucción que había recibido inmediatamente después de su conversión, dentro de apenas dos años, o quizá pocos meses, después de que ocurrieran los acontecimientos mismos.

El Apóstol presentó ese mensaje básico en cuatro partes. Primero, Cristo murió por nuestros pecados, de acuerdo a

¿Ocurrió Realmente la Resurrección?

las Escrituras. Segundo, fue sepultado. Tercero, fue levantado de entre los muertos el tercer día, de acuerdo a las Escrituras. Cuarto, Pablo ofrece una lista de los testigos a quienes Jesús se les apareció después de su resurrección, culminando con una referencia breve a su propia experiencia con una aparición del Cristo resucitado. Su propósito fue declarar que la resurrección era un elemento esencial de la predicación de los primeros cristianos. Fue atestiguada ampliamente por muchos testigos que vieron al Señor resucitado, y era un elemento esencial del evangelio por el cual los corintios habían llegado a la fe cristiana.

Podríamos resumir esta sección como queriendo decir que si Cristo no hubiera sido levantado de entre los muertos, entonces nosotros nunca hubiéramos sido convertidos.

En los versículos 12 al19, el Apóstol señala que si la resurrección no ocurrió, entonces la predicación cristiana es falsa, y la fe cristiana no tiene ningún valor. El problema no es sencillamente que sin la resurrección los predicadores estarían mintiéndoles a sus audiencias; también estarían mintiendo con respecto a Dios. La gente en tiempos de Pablo creía que a todo dios o diosa le importaba mucho proteger su propia reputación. Hacer falsas alegaciones acerca de Dios invitaría su severo castigo. Nadie iba a correr ese riesgo por causa de una idea tan impopular como era la resurrección en el mundo grecorromano, a menos que la resurrección fuera verdad. Pablo sostuvo que la resurrección levantó a Jesús a la existencia corporal, y que a menos que ese hecho esté en el centro de la fe cristiana, no puede haber significado en el evangelio. Él no podía imaginar una forma de cristianismo en la cual la fe en la resurrección fuera marginal u optativa.

En los versículos 20 al 28, Pablo declaró que la resurrección de Cristo fue simplemente el primer paso en un proceso que iba a incluir una resurrección similar de los creyentes, y la consumación final de la historia humana cuando Dios reinará supremo sobre todos sus enemigos, incluso el enemigo último, es decir, la muerte. Negar la resurrección de Cristo es negar la esperanza futura que proclama el evangelio para todo creyente y para el universo entero. Los versículos 29 al 34 luego señalan que a menos que esa esperanza de resurrección sea verdad, todo el sufrimiento, la esperanza y la fidelidad de parte de los creyentes no tienen sentido.

Respondamos a Objeciones Antiguas

La gente de Corinto creía, bajo la influencia de la filosofía griega, que el cuerpo era malo y que el espíritu (o el alma) era buena. Así que, para los filósofos griegos, lo mejor que le podría pasar a una persona era que la muerte le destruyera el cuerpo maligno y que el alma inmortal sobreviviera y volviera a Dios. Ese punto de vista se puede ver de manera poderosamente efectiva en Sócrates, cuando se aproximaba a la muerte. La idea de que Dios levantara a la vida en forma corporal a los cadáveres de la gente muerta era repulsiva para los pensadores sofisticados de Corinto. La segunda mitad de 1 Corintios 15 responde a la objeción de que un cuerpo resucitado no es mejor que nuestro cuerpo actual.

En los versículos 35 al 49 Pablo usó varias ilustraciones para argüir que la resurrección es, de hecho, una resurrección corporal, pero que no es el mismo cuerpo que tenemos ahora. Por medio de comparar las diferentes clases de carne que tienen las personas, los animales, las aves y los peces, el Apóstol comprobó que un cuerpo puede existir sin ser igual a nuestro cuerpo físico actual. Basándose en los entendimientos antiguos de la astronomía, Pablo señaló las diferencias entre el sol, la luna y las estrellas. Las diferencias en la luz que producen estos astros representan niveles diferentes de gloria. Así, los cuerpos resucitados todavía pueden ser cuerpos, pero son cuerpos transformados por la resurrección. Son cuerpos reconocibles, pero no están sujetos a las mismas leyes de física a las que lo están nuestros cuerpos actuales. Pablo usó los términos "cuerpo animal" (en otras versiones se dice "cuerpo físico") para describir nuestros cuerpos actuales, y "cuerpo espiritual" para describir el cuerpo de resurrección (v. 44). El Apóstol no comparó el cuerpo espiritual con el cuerpo resucitado de Cristo, pero la mayoría de los estudiosos hoy en día cree que él tenía en mente algo similar al cuerpo resucitado de Cristo cuando habló del cuerpo espiritual que van a recibir los creyentes. El cuerpo de resurrección de Cristo era parecido a su cuerpo previo a la resurrección en el sentido de que la gente lo pudo reconocer, y que podía comer y beber, y que llevaba las cicatrices de la crucifixión. Pero era diferente en el sentido de que parece que podía atravesar las puertas cerradas y las paredes, y trasladarse invisiblemente de un lugar a otro. También era diferente en el hecho de que la muerte no existiría en su futuro.

En los versículos 50 al 57 Pablo mantuvo que, tanto aquellos que estén vivos, como los que ya hayan muerto, experimentarán una transformación de sus cuerpos en la resurrección. Siendo que el cuerpo de resurrección ya no muere jamás, hay un sentido en el que es superior al cuerpo físico. En el momento de la resurrección, los que han muerto serán levantados con cuerpo de resurrección. Sin embargo, los que estén vivos para la Segunda Venida no serán dejados con un cuerpo físico "deficiente". "Todos seremos transformados" (v. 51), declaró el Apóstol incluyéndose a sí mismo, ya que suponía que él estaría vivo para esa transformación gloriosa. Concluyó la sección notando que cuando todo eso haya ocurrido, los antiguos enemigos, que son el pecado y la muerte, finalmente habrán sido conquistados. El resultado es que todo el trabajo del creyente en el Señor no habrá sido en vano (v. 58).

Lo que Podemos Concluir

Reflexionar sobre lo que enseña Pablo acerca de la resurrección nos lleva a varias conclusiones importantes. Primero, *por medio de la resurrección Dios confirma el compromiso con el cuerpo humano hecho en la creación.* Si fuéramos salvados *de* nuestro cuerpo en lugar de *en* o *con* nuestro cuerpo, tal cosa confirmaría la noción filosófica griega de que el cuerpo es malo. Eso contradiría la declaración de Dios de que la creación de los cuerpos humanos fue algo "bueno en gran manera" (Génesis 1:31).

Segundo, *la fe de resurrección demanda que tomemos en serio la muerte, pero no como final.* Nuestra cultura (la estadounidense) es una cultura que niega la muerte. Preferiría pasar por alto las cuestiones relacionadas con la muerte en lugar de reconocer la finalidad sin esperanza que la muerte trae al que no es cristiano. Y la iglesia participa de esa actitud negativa cuando se nos mueren los seres amados en el Señor y permitimos que nuestra tristeza arrolle la esperanza prometida de la resurrección. Tenemos que recordar lo que el apóstol Pablo les dijo a los cristianos en Tesalónica: "Tampoco queremos, hermanos, que ignoréis acerca de los que duermen, para que no os entristezcáis como los otros que no tienen esperanza. Si creemos que Jesús murió y resucitó, así también traerá Dios con Jesús a los que durmieron en él" (1 Tesalonicenses 4:13-14).

Una tercera conclusión derivada de 1 Corintios 15 es que *la vida en el cuerpo tiene importancia moral.* La manera en que vivimos, y cómo tratamos nuestro cuerpo y los cuerpos ajenos, tiene que tener importancia si vamos a habitar en esos mismos cuerpos transformados en el futuro. Aquí, claro, puede surgir la pregunta, "¿Y qué de los cuerpos desfigurados por las enfermedades, o destruidos por la descomposición, o por la cremación del cadáver?" El proceso de transformación, sea el que fuere, restaurará lo reconocible y lo normal en el cuerpo. Por normal queremos decir lo que está dentro del rango de la fisonomía normal (es probable que no habrá 'cirugías plásticas', pero sí, quizá, la restauración de piernas o brazos perdidos, y cosas por el estilo. Asumimos también que los niños que nacieron con desfiguraciones mayores serán transformados en lo que habrían sido si los procesos genéticos y de nacimiento se hubieran desarrollado normalmente.

Victoria sobre el Pecado

Un resultado ligado a la verdad de la resurrección es que la victoria de Cristo sobre la muerte es también una victoria sobre el pecado. Por lo general, la fe cristiana no ha logrado aprovecharse de la importancia de la resurrección para la vida y la doctrina de la santidad. Así como la resurrección de Cristo provee la posibilidad de nuestra resurrección y, por consiguiente, nuestra victoria sobre la muerte, su resurrección también provee la posibilidad y el poder de victoria sobre el pecado.

Esto quiere decir que los cristianos pueden y deben vivir su vida cotidiana sobre la base de la esperanza de la resurrección. El apóstol Pablo con frecuencia describió la vida cristiana como la unión con Cristo tanto en su muerte como en su resurrección. En Filipenses 3:7-11 el Apóstol explicó que todos los sacrificios y los sufrimientos que le sobrevinieron por seguir a Cristo valían la pena porque hicieron posible que llegara a conocer a Cristo, y a conocer el poder de la resurrección de Cristo. El vigor que le permitió sobrevivir y perseverar a pesar del sufrimiento no fue meramente sicológico. Ese mismo poder de Dios que levantó a Jesús de entre los muertos le brindó a Pablo el poder para superar el sufrimiento y vivir una vida sacrificada y semejante a Cristo. La experiencia del poder de la resurrección le dio al Apóstol la confianza de que Dios utilizaría toda cosa que surgiera en su futuro para transformarlo más y más a la imagen de Cristo.

Lo mismo puede pasar con nosotros hoy.

Acerca del autor: El Dr. Hahn es profesor de Nuevo Testamento en el Seminario Teológico Nazareno en Kansas City, Missouri.

Notas

Capítulo 1
1. "To Dr. Rutherford," 28 March 1768, Letters, in The Works of John Wesley, ed. Frank Baker and Richard P. Heitzenrater (Oxford: Clarendon Press, 1975) ["Al Dr. Rutherford," 28 de marzo de 1768, Cartas, en Las Obras de John Wesley], 5:364.
2. Philip Yancey, Reaching for the Invisible God [Alcanzando al Dios invisible]. (Grand Rapids: Zondervan Publishing House, 2000), 41.
3. Ibid., 42-43.
4. Ibid., 37.
5. Ibid., 46.

Capítulo 3
1. "Unlikely Church Prospects" (Miembros futuros improbables). Copyright 2001 by Joe Seay. Usado con permiso. Todos los derechos están reservados.

Capítulo 4
1. A menos que se indique lo contrario, las traducciones son del autor, comparadas con la versión Reina – Valera Revisión 1995.
2. Algunas versiones dicen "portillo".

Capítulo 6
1. Las palabras que en realidad dijo Wesley fueron: "Un designio que han de perseguir hasta el fin del tiempo es el gozo de Dios en el tiempo y en la eternidad. Deseen otras cosas en tanto que tiendan a ese designio. Amen a la criatura en tanto que conduzca hacia al Creador. Pero en cada paso que den, que sea ese el punto glorioso que determine el punto de vista de ustedes. Que todo afecto, pensamiento, palabra y obra sea subordinada a esto" (The Complete Works of John Wesley, tomo 5, Sermons [Las obras completas de Juan Wesley, Sermones].

Capítulo 7
1. Kathleen Norris, Amazing Grace [Sublime gracia] (New York: Penguin Putnam, 1998), 141-142.
2. Ibid., 202-204.
3. John Wesley, A Plain Account of Christian Perfection [La perfección cristiana] (Albany, Oregon: AGES Software, 1997), 68-69.

Capítulo 9
1. Clifton Fadiman, ed., The Little Brown Book of Anecdotes [El librito de anécdotas de Little Brown] (Boston: Little Brown and Co., 1985), 554.
2. William Lambdin, ed., The Doublespeak Dictionary [El diccionario de los dobles sentidos] (Los Angeles: Pinnacle Books, 1979), 98.
3. James S. Spiegel, Hypocrisy: Moral Fraud and Other Vices [La hipocresía: fraude moral y otros vicios] (Grand Rapids: Baker Books, 1999), 113.
4. Hannah Arendt, On Revolution [Respecto a la revolución] (New York: Viking Press, 1963), 99.
5. Fiódor Dostoyevsky, The Brothers Karamazov [Los hermanos Karamazov], traducido al inglés por Constance Garnett (New York: William Heinemann, 1945), 37-38. La cita ha sido traducida por Loida B. de Dunn.

Capítulo 10
1. "Minutes of Several Conversations Between the Reverend Mr. Wesley and Others; From the year 1744, to the year 1789," Addresses, Essays, Letters, Vol. 8 of The Complete Works of John Wesley ["Actas de varias conversaciones entre el reverendo Sr. Juan Wesley y otros; desde el año 1744 hasta el año 1789," Discursos, Ensayos, y Cartas, tomo 8 de las Obras Completas de Juan Wesley] (Albany, Oreg.: AGES Software, 1997), 359.
2. Cal Samra, The Joyful Christ: The Healing Power of Humor [El Cristo gozoso: El poder sanador del humor] (San Francisco: Harper and Row Publishers, 1985), 92-110.
3. Ibid.

Capítulo 11
1. "Perspectives" (Perspectivas), Newsweek, October 11, 1999, 27.
2. James Spruce, A Simple Faith [Una fe simple] (Kansas City: Beacon Hill Press of Kansas City, 1986), 55.
3. "Emotions," in Draper's Book of Quotations for the Christian World ["Emociones", en Libro de citas para el mundo cristiano de Draper] (Fremont, California: Parson Technology Software, 1992), 3052.
4. James Dobson, Emotions: Can you Trust Them? [Las Emociones: ¿Son confiables?] (Ventura, California: Regal Books, 1980), 9.
5. Ibid., 11.

Capítulo 12
1. Teanna Sunberg, "If You Love Me … ." [Si me amas …], Holiness Today, diciembre 1999, 10.
2. Kansas City Star, 13 de marzo de 2000, 1.
3. Nombre postizo.
4. Emily Morison Beck, ed., Bartlett's Familiar Quotations [Citas conocidas de Bartlett] (Boston: Little, Brown and Company, 1980), 742.
5. Abraham Lincoln, Gettysburg Address [Discurso de Gettysburg], 19 de noviembre de 1863.

CPSIA information can be obtained at www.ICGtesting.com
Printed in the USA
LVOW130816180612

286586LV00001B/4/P

9 781563 447099